# Le pain de l'étranger

W0338546

## HENRI TROYAT — *ŒUVRES*

| | |
|---|---|
| *La Lumière des justes :* | |
| I. LES COMPAGNONS DU COQUELICOT | *J'ai lu* 272*** |
| II. LA BARYNIA | *J'ai lu* 274*** |
| III. LA GLOIRE DES VAINCUS | *J'ai lu* 276*** |
| IV. LES DAMES DE SIBÉRIE | *J'ai lu* 278*** |
| V. SOPHIE OU LA FIN DES COMBATS | *J'ai lu* 280*** |
| LA NEIGE EN DEUIL | *J'ai lu* 10* |
| LE GESTE D'ÈVE | *J'ai lu* 323* |
| LES AILES DU DIABLE | *J'ai lu* 488** |
| *Les Eygletière :* | |
| I. LES EYGLETIÈRE | *J'ai lu* 344**** |
| II. LA FAIM DES LIONCEAUX | *J'ai lu* 345**** |
| III. LA MALANDRE | *J'ai lu* 346**** |
| *Les Héritiers de l'avenir :* | |
| I. LE CAHIER | |
| II. CENT UN COUPS DE CANON | |
| III. L'ÉLÉPHANT BLANC | |
| GRANDEUR NATURE | |
| L'ARAIGNE | |
| JUDITH MADRIER | |
| LE MORT SAISIT LE VIF | |
| LE SIGNE DU TAUREAU | |
| LA CLEF DE VOÛTE | |
| LA FOSSE COMMUNE | |
| LE JUGEMENT DE DIEU | |
| LA TÊTE SUR LES ÉPAULES | |
| DE GRATTE-CIEL EN COCOTIER | |
| *Tant que la terre durera :* | |
| I. TANT QUE LA TERRE DURERA | |
| II. LE SAC ET LA CENDRE | |
| III. ÉTRANGERS SUR LA TERRE | |
| LA CASE DE L'ONCLE SAM | |
| UNE EXTRÊME AMITIÉ | |
| SAINTE RUSSIE. Réflexions et souvenirs | |
| LES VIVANTS (théâtre) | |
| LA VIE QUOTIDIENNE EN RUSSIE AU TEMPS DU DERNIER TSAR | |
| NAISSANCE D'UNE DAUPHINE | |
| LA PIERRE, LA FEUILLE ET LES CISEAUX | *J'ai lu* 559** |
| ANNE PRÉDAILLE | *J'ai lu* 619** |
| GRIMBOSQ | *J'ai lu* 801*** |
| UN SI LONG CHEMIN | *J'ai lu* D103** |
| *Le Moscovite :* | |
| I. LE MOSCOVITE | *J'ai lu* 762** |
| II. LES DÉSORDRES SECRETS | *J'ai lu* 763** |
| III. LES FEUX DU MATIN | *J'ai lu* 764** |
| LE FRONT DANS LES NUAGES | *J'ai lu* 950** |
| CATHERINE LA GRANDE | *J'ai lu* 1618***** |
| LE PRISONNIER N° 1 | *J'ai lu* 1117** |
| PIERRE LE GRAND | *J'ai lu* 1723**** |
| VIOU | *J'ai lu* 1310** |
| ALEXANDRE Ier, LE SPHINX DU NORD | |
| LE PAIN DE L'ÉTRANGER | *J'ai lu* 1577** |
| IVAN LE TERRIBLE | |
| LA DÉRISION | *J'ai lu* 1743** |
| MARIE KARPOVNA | *J'ai lu* 1925** |
| TCHEKHOV | |
| LE BRUIT SOLITAIRE DU CŒUR | |

Henri Troyat
de l'Académie française

# Le pain de l'étranger

Éditions J'ai lu

« Tu apprendras combien le pain de l'étranger est amer et combien il est dur de monter et de descendre l'escalier d'autrui. »

DANTE
*La Divine Comédie*
Le Paradis
Chant XVII

© Flammarion, 1982

# 1

Quand l'élagueur eut dressé l'échelle contre le tilleul, Pierre sortit de son bureau et s'avança sur le perron. L'homme tenait une tronçonneuse à la main. Il était jeune et portait une veste de cuir. En trois mouvements, il fut au sommet. La tête renversée, Miguel suivait ses gestes d'un œil réprobateur. En tant que gardien-jardinier, il ne comprenait pas que Monsieur eût fait appel à une entreprise spécialisée pour un travail qu'il aurait très bien pu exécuter lui-même. D'ailleurs, il trouvait que c'était un crime que d'abattre un si bel arbre. Il l'avait dit à Monsieur, ce matin encore. Maria, elle, estimait que Monsieur avait raison. D'autant plus que c'était une idée de Madame. Durant sa dernière maladie, elle se plaignait de l'ombre que ce tilleul à larges feuilles argentées faisait dans sa chambre. Planté trop près de la maison, sur le terre-plein de gravier, il avait allongé ses branches jusqu'aux fenêtres. Le bureau de Pierre, au rez-de-chaussée, en était tout obscurci, l'été. Mais même en cette saison, avant l'apparition du feuillage, l'arbre nu, au tronc épais, aux ramures robustes, était indésirable. Il coupait la perspective du jardin. Pierre se le répétait pour vaincre la gêne coupable qu'il éprouvait à l'instant de l'exécution.

L'élagueur tira la poignée de la tronçonneuse et un grondement aigre et mordant insulta la campagne. Maria, assourdie, fit la grimace et se rapprocha de son mari. Miguel serrait les poings dans ses poches. Quand la scie mécanique attaqua le bois, Pierre tressaillit sous la blessure. Les dents d'acier entraient dans la masse de l'arbre comme un couteau dans le beurre. Une première branche, sectionnée à l'aisselle, tomba à terre dans un craquement sec. D'autres suivirent. L'élagueur, un mégot au coin de la lèvre, travaillait vite. Une poussière blonde volait autour de lui. Il clignait des yeux. Une à une, les ramifications s'effondraient, découvrant la profondeur d'un ciel uni, couleur d'ardoise. Une bruine fraîche mouillait le visage de Pierre. Le vent raide lui glaçait les chevilles. Il y avait une heure qu'il aurait dû être parti pour Paris où il avait une matinée chargée. Mais il ne pouvait se résoudre à prendre la route. De toute façon, ce serait bientôt terminé. Déjà mutilé, découronné, décapité, désossé, le tilleul n'était plus qu'une colonne ridicule à l'écorce marquée, çà et là, de plaies ovales et blanchâtres. Un aide tirait à l'écart les branches abattues, les émondait à coups de serpette, les débitait, les liait en fagots. L'élagueur descendit de quelques échelons et, cette fois, s'attaqua au tronc lui-même. Une première section horizontale libéra un billot qui roula sur le sol. Un deuxième billot fut détaché sans effort dans le hurlement hystérique de la scie. Pour le dernier tronçon, l'élagueur s'accroupit et trancha la base, à ras de terre. Tout à coup, il n'y eut plus que le vide à la place du tilleul amical dont le feuillage palpitait naguère contre la façade. Incontestablement, la vue du jardin se trouvait dégagée par la disparition de cet arbre qui était plus un obstacle qu'un ornement. Et cependant, Pierre, devant ce sol plat, avait l'impression d'avoir sacrifié un vieux serviteur, un ami de toujours, peut-être même un protecteur des lieux. Une crainte diffuse le pénétra. Peu enclin à la superstition, il s'étonnait de cette ombre sur sa journée. Maria dit avec entrain :

— C'est beaucoup mieux comme ça, monsieur ! Tu ne trouves pas, Miguel ?

Elle était brune et potelée, avec des allures dandinées de poule d'eau. Son mari, taciturne et carré, marmonna :

— Et la souche, alors, eh ! qu'est-ce qu'on en fera ? Il y aura des rejets !

Il parlait difficilement, avec un fort accent portugais. Maria, en revanche, s'exprimait en français avec la volubilité d'un moulin qui tourne à vide :

— Ne t'occupe donc pas de ça, Miguel. Ils savent leur métier, quand même !

— La souche, on la dégagera au plus bas en creusant autour, dit l'élagueur ; on y fera des trous avec une mèche ; on les remplira avec du chlorate de soude pour tuer les racines ; et on recouvrira le tout de terre et de gravier.

Miguel se pencha sur l'un des billots et, avec son doigt, compta, sur la tranche couleur chair, les couches concentriques.

— Il avait vingt-six ans, dit-il avec reproche.

Maria serra son châle sur ses épaules. L'élagueur taillait maintenant les branches tombées avec des gestes précis de boucher. Pierre regarda sa montre-bracelet : cette fois, il était vraiment temps de partir. Si la route de Milly-la-Forêt à Paris n'était pas trop encombrée, il pourrait être à son cabinet vers dix heures moins le quart. Il rentra dans la maison pour prendre quelques papiers. Maria le suivit. Un manteau de lierre à légères feuilles vernissées tapissait la façade. Le vent y creusait des vagues à rebours. Les fenêtres à petits carreaux étaient profondément enfoncées dans cette verdure vivante. Dans l'entrée, sur un bahut ancien, trônait un saint manchot, en bois sculpté polychrome. Il souriait, énigmatique, dans sa barbe. Ses yeux vides regardaient au loin. Suzanne et Pierre l'avaient arraché de haute lutte, autrefois, à une vente aux enchères, à Fontainebleau. Venus pour un tapis mongol, ils avaient été séduits d'emblée par cette statue espagnole du XVIe siècle et, oubliant leur première intention, l'avaient achetée, en la payant si cher qu'il leur avait fallu ensuite renoncer à toute autre acquisition. Ce brusque changement de cap les avait beaucoup amusés à l'époque et ils avaient gardé le saint sous leur toit comme un porte-bonheur. A gauche du vestibule s'ouvrait le salon, qui ne servait plus guère depuis la disparition de Suzanne, bien que Maria l'entretînt religieusement et y renouvelât les fleurs dans les vases. A droite, le bureau — vaste et bas de plafond — sentait bon le papier imprimé et l'encaustique. Maria était une frotteuse infatigable. Chaque fois qu'il pénétrait dans cette pièce qui, comme disait Suzanne, était son « domaine réservé », Pierre éprouvait une sensation de paix égoïste, de virile méditation. Il y avait de tout dans sa bibliothèque : des volumes aux reliures précieuses et des bouquins brochés, fatigués, cent fois feuilletés sous la lampe. Toujours, la lecture avait été sa passion. Mais il y consacrait encore plus de temps depuis qu'il vivait seul. Le soir, dans son bureau, il avalait avec la même voracité romans et livres d'histoire, essais et documents. Penchant la tête, il aperçut, par la fenêtre, l'allée de gravier, la grande pelouse d'un vert tendre, les autres arbres, ceux qui ne risquaient rien, ceux qui étaient enracinés pour toujours. C'était comme s'il n'y avait jamais eu de tilleul à cet endroit. Un coup de gomme sur le paysage de *La Buissonnerie*. Il prit sa serviette, qui était en cuir fauve, à fermoir d'acier. Le dernier cadeau de Suzanne. Maria lui demanda s'il avait vu son carnet de comptes pour la semaine.

— Je le verrai ce soir, en rentrant, dit-il.

Pure formalité. Maria ne se trompait jamais d'un sou. Il pouvait se reposer sur elle aussi bien pour les dépenses que pour les soins du ménage et de la cuisine. Elle le regarda en face, avec un demi-sourire, comme pour essayer de lire ses préférences, et déclara d'autorité :

— Pour le dîner, que diriez-vous d'une omelette au fromage et d'une salade, monsieur ?

— Excellente idée, Maria, répondit-il machinalement.

Depuis que sa femme était morte — deux ans déjà ! —, son bonheur s'était rétréci aux limites de ces menues satisfactions quotidiennes sur lesquelles veillait l'irremplaçable Maria. Il n'y avait plus de grandes flammes dans sa vie, mais un petit feu sage, une tiédeur d'habitudes. Etait-il malheureux ? Certainement pas. C'était en s'attachant de plus en plus à lui-même qu'il parvenait le mieux à dominer sa tristesse. A cinquante-trois ans, vivre pour soi, tout rapporter à soi, n'était-ce pas la suprême philosophie dans un monde absurde et périssable ?

Il sortit du bureau, enfila son imperméable et se rendit au fond du jardin, dans le garage, petit bâtiment du même style que la maison, avec ses murs crépis, envahis de lierre, et son toit de vieilles tuiles moussues. Chemin faisant, il rencontra Miguel poussant une brouette pleine de feuilles mortes et de branchages. Le jardinier ne tourna même pas la tête de son côté. Bourru, il portait le deuil de l'arbre.

A son retour de Paris, le soir, Pierre rangea sa voiture, ferma les portes à glissière du garage et alla affronter le vide devant le perron. Tout avait été nettoyé, brossé. Le trou de la souche était comblé de terre et recouvert de gravier neuf. La maison, privée de sa sentinelle branchue, semblait plus proche, plus ouverte. Cependant, un tronc gris pesait sur la poitrine de Pierre. « Je n'aurais peut-être pas dû !... » songea-t-il. Les enfants de Maria et de Miguel étaient là, pensifs, comme devant une tombe. Amalia, douze ans, et Frédéric, dix ans, tête basse. Rentrés de l'école, ils étaient venus sur place pour se rendre compte de l'effet. D'habitude, ils ne s'aventuraient jamais si près de la grande maison. Maria était sortie sur le perron pour accueillir Monsieur. Elle avait un clair visage d'optimisme et de bienvenue. A travers elle, c'était toute *La Buissonnerie* qui se réjouissait de l'arrivée de Pierre. La fillette dit d'une voix menue :

— Oh ! le pauvre tilleul !

Sans laisser à Pierre le temps de répondre, Maria fondit sur ses enfants et s'exclama :

— Qu'est-ce que vous faites là, tous les deux ? Voulez-vous bien retourner à la maison !

Les enfants partirent en courant. Maria prit le manteau de Pierre et lui donna les dernières nouvelles : les élagueurs avaient rangé le bois dans la grange ; Mme Cousinet, qui était « venue voir », en voisine, trouvait qu'on aurait dû couper l'arbre depuis longtemps. Et Mme Cousinet n'était pas de ces femmes qui déguisent leurs sentiments pour plaire ! Maria lui avait acheté quelques œufs pour l'omelette au fromage. Ils étaient tout frais. Mme Cousinet nourrissait ses poules au grain. Cela faisait toute la différence. Pierre passa dans son bureau pour lire le courrier qui l'attendait sur un guéridon. Peu après, Maria annonça que Monsieur était servi. Il s'attabla dans la salle à manger, un livre ouvert près de son assiette. Les *Maximes* de La Rochefoucauld. Il les connaissait par cœur, mais se régalait à chaque nouvelle plongée dans cette philosophie lucide, cruelle et saine. Une grésillante odeur de beurre fondu filtra dans l'air. Mis en appétit, Pierre déplia sa serviette et se versa un verre de vin. A côté du verre, il y avait, dans un petit pot de grès, un bouquet de primevères fraîchement cueillies. Cette attention de Maria le toucha. Quand elle apporta l'omelette au fromage, il dit, avec un regard vers les fleurs :

— Merci, Maria. Elles sont très jolies !

Elle s'empourpra de plaisir et balbutia :

— N'est-ce pas, monsieur ? Madame les aimait beaucoup !

# 2

Ayant raccompagné son patient jusqu'à la porte, Pierre revint vers la secrétaire assise à sa petite table, dans l'antichambre, et jeta un regard sur le livre de rendez-vous : M. Dumézieux et son bridge, Mme Kast et sa prothèse... En moins d'une heure, il en aurait terminé. Il avait hâte de rentrer chez lui. Soudain, Milly-la-Forêt lui parut au bout du monde. Mais il n'eût jamais accepté d'abandonner *La Buissonnerie* pour s'établir à Paris. Au vrai, il éprouvait un besoin physique de se replonger chaque soir dans la paix de la vieille demeure provinciale. Depuis la disparition de Suzanne, il s'était même, lui semblait-il, attaché davantage à ces murs imprégnés de son souvenir. Il rêva d'une conversation silencieuse avec elle. Son esprit flottait. Un sourire triste effleura ses lèvres. La secrétaire l'observait. Il ouvrit la porte du salon. M. Dumézieux se leva. Pierre le conduisit dans son cabinet. Après que son assistante eut installé M. Dumézieux dans le fauteuil, il éprouva un léger étourdissement et raidit les épaules. Il avait toute une journée de travail dans les bras. Le miroir à la main, il se pencha sur la bouche ouverte. Sa sonde effleurait délicatement la dent sensible. M. Dumézieux tressaillit. Pierre prit une radio et la fit développer par l'assistante. Le téléphone intérieur sonna. Agacé, il décrocha l'appareil. Pourquoi le dérangeait-on ? Il avait pourtant donné des ordres. La secrétaire balbutia qu'il s'agissait de la voisine de Monsieur, à Milly, Mme Cousinet, qui voulait lui parler d'urgence. Il accepta la communication. Dans l'écouteur, une voix étouffée :

— Ah ! monsieur Jouanest ! Un grand malheur est arrivé ! Cette pauvre Maria a été renversée par une voiture !

— Quoi ? s'écria-t-il. Est-ce grave ?

— Oui, monsieur ! Très grave ! On l'a transportée à l'hôpital !... Elle est... elle est morte dans la salle d'opération !... Je suis là-bas, avec Miguel !... Il est comme fou !... Je ne sais pas quoi faire !...

Pierre crispa ses doigts sur le récepteur. Un voile blanc passa dans sa tête. La mort de Maria lui apparut comme l'écroulement de son univers. La lumière qui l'environnait n'était plus la même. Etourdi sous le choc, le souffle coupé, il gardait le silence.

— Allô ! Allô ! Monsieur, vous m'entendez ? reprit Mme Cousinet.

— Oui, oui, c'est terrible ! dit-il enfin. D'où me téléphonez-vous ?

— De l'hôpital de Corbeil.

— C'est bon. J'arrive.

Il retourna auprès de son patient qui, entretemps, s'était rincé la bouche. Sa première idée fut de ne rien changer à son programme. Il soignerait M. Dumézieux, Mme Kast et partirait aussitôt après. Qu'il arrivât une demi-heure plus tôt ou plus tard, le sort de Maria était scellé. Mais il ne pouvait concentrer son attention. Tandis que ses mains besognaient machinalement, il était sur les lieux du drame. Il n'avait pas demandé de détails sur les circonstances de l'accident. L'important ce n'était pas l'heure, l'endroit, les responsabilités, mais le fait lui-même dans sa brutalité absurde. Subitement, il se rappela qu'il avait invité les Harteville pour le week-end. Ensemble, ils avaient projeté une partie de golf, dimanche, à Fontainebleau. La joie de Maria lorsqu'il lui avait annoncé la prochaine visite des Harteville. Elle aimait l'aider à recevoir. Il la revit discutant le menu, avec excitation et compétence. A ce souvenir banal, sa gorge se contracta. Qu'il le voulût ou non, ce deuil ancillaire devenait un deuil familial. Il se surprit à envisager tous les désagréments d'ordre domestique que la disparition de Maria apporterait dans sa vie. Il n'en finissait pas de les énumérer dans sa tête. Plus il avançait dans son travail sur la denture de M. Dumézieux, moins il avait envie de mener l'opération jusqu'au bout. Brusquement, il renonça à prendre l'empreinte du bridge. Il terminerait lors d'un prochain rendez-vous. Ayant reconduit M. Dumézieux, il pria son collaborateur, Marc Véry, de le remplacer auprès de Mme Kast : il s'agissait d'une simple visite de contrôle.

— Je suis obligé de partir immédiatement, dit-il. Maria, la femme de mon jardinier, a été victime d'un accident. Elle est morte... C'est affreux !...

Marc Véry, un jeune opérateur rose et athlétique, compatit à son désarroi. Pierre le remercia et coupa court. Auprès de lui, il se sentait à la fois épaulé par un praticien de qualité et désorienté par la différence de génération. S'il pouvait oublier parfois qu'il avait cinquante-trois ans, rien qu'en voyant Véry il retrouvait son âge. Il avait beau s'astreindre à faire un quart d'heure de gymnastique tous les matins, à suivre un régime, à supprimer l'alcool et les cigarettes, l'usure de l'âme était là, accentuée par la notion de sa solitude. Inopinément, il se dit que ce cabinet dentaire, qu'il avait aménagé et équipé à grands frais, était, avec sa maison, tout ce qui le rattachait encore à la vie. Il pria Mme Kast de l'excuser, lui présenta son collaborateur, passa voir le prothésiste pour s'assurer que la prothèse de M. Dumas serait prête à temps, retira sa blouse, enfila son veston et, dédaignant l'ascenseur, descendit l'escalier en trombe.

La voiture était rangée au sous-sol, dans le garage attenant à l'immeuble, rue François-Ier. Il faisait déjà nuit lorsque, d'embouteillage en embouteillage, à travers le miroitement de la pluie et des phares, Pierre sortit de Paris et aborda l'autoroute du Sud. Le chemin parcouru mille fois lui était si habituel que rien ne le détournait de ses pensées. L'œil fixé sur les étoiles filantes, rouges et blanches, de la chaussée, il réfléchissait à cette mort subite, se rappelait le visage rieur de Maria et s'efforçait de s'accoutumer au nouveau vide de son existence. Par deux fois en deux ans, la foudre avait frappé sa maison. Mais Suzanne avait succombé à une longue maladie. Depuis sa seconde opération, elle se savait condamnée. Son courage pâle et souriant dans les derniers mois. Elle acceptait le mensonge charitable de ses proches pour ne pas alourdir l'atmosphère autour du lit où elle s'éteignait lentement. Elle feignait de croire qu'elle guérirait. Cependant son regard, dans les instants d'abandon, était celui de l'adieu. Elle s'était attachée à Maria. Elle aurait été désespérée de sa perte. Pierre les revit, debout dans la cuisine, discutant une recette de pâtisserie. Toutes deux en tablier, les mains blanches de farine. Comme si l'une n'avait pas été au service de l'autre. Et pourtant, il n'y avait nulle familiarité chez Maria, plutôt une déférence mêlée de complicité féminine. En les évoquant ensemble, Pierre avait l'impression d'un tout indissoluble et harmonieux, fondé sur l'amour des enfants, des bêtes, des plantes. Après la mort de Suzanne, Maria avait continué la tradition. Pierre avait perdu sa femme, mais toutes les habitudes étaient restées. L'esprit de Suzanne était encore là, dans les repas finement cuisinés, dans les bouquets arrangés avec goût, dans les mille détails de la vie quotidienne. Maria avait pris la relève de sa maîtresse. Et voici qu'elle s'en allait à son tour. Il se sentit veuf pour la seconde fois. Injustement frappé, d'abord dans son amour, puis dans son confort. Ses yeux s'embuèrent de larmes alors qu'il se croyait maître de ses nerfs.

La pluie emprisonnait la voiture dans un murmure liquide. Les essuie-glaces chassaient des gouttelettes sur le fond pourri de la nuit. Dans la lueur des phares, bondissaient des fantômes d'arbres, des panneaux indicateurs aux lettres géantes. La voiture quitta l'autoroute, grimpa une petite côte, tourna à gauche sur Corbeil. En abordant les premières maisons du bourg, Pierre ralentit à peine. Un feu rouge l'immobilisa, bouillant d'impatience. Enfin, le boulevard Henri-Dunant, l'entrée de l'hôpital, avec sa barrière levée et ses lourdes bâtisses d'un jaune brunâtre et grumeleux de nougatine. Il gara sa voiture dans la cour plantée d'arbres, s'orienta d'après les pancartes, marcha sous la pluie vers le service d'admission et interrogea un infirmier en faisant valoir son titre de médecin. On le conduisit à la morgue, construction trapue et grise, en contrebas, au bord de l'allée. Le corps de Maria Alvares venait d'y être transporté. En pénétrant dans la pièce froide et nue, Pierre ne vit d'abord que le chariot avec Maria couchée dessus, un drap blanc tiré jusqu'à la poitrine, le visage clos, cireux et calme, un bandage enroulé autour du crâne et du menton. Aussitôt, il pensa à Suzanne qui avait eu, elle aussi, une expression de sérénité heureuse dans la mort. Tous les cadavres étaient habités de la même certitude, face aux vivants qui se posaient l'ultime question.

Au pied du chariot, se tenait Miguel, le front bas, ses grandes mains d'argile croisées sur le ventre. Il releva la tête. Son visage apparut, éclairé crûment par l'ampoule du plafond. Ses yeux étaient secs, dans un masque rude et hâlé au nez camard et à la mâchoire massive, mais sa lèvre inférieure tremblait. Il lança à Pierre un regard de bête prise au piège. Une grimace à la fois apeurée et méchante, humble et désespérée disloqua sa figure. Un son inarticulé s'échappa de sa bouche. Il baragouinait en portugais. Derrière lui, se tenait Mme Cousinet, trapue, mastoc, les jambes en poteaux sous sa jupe bleue à pois verts.

— Mon pauvre Miguel, dit Pierre en posant une main sur l'épaule du jardinier. C'est atroce ! Je sais ce que vous éprouvez.

Il avait conscience de jouer un rôle : le patron bienveillant. Et, plus il s'efforçait d'être sincère, plus il se dédoublait, sortait de la situation, devenait spectateur de lui-même. Miguel ne répondit rien. Que ressentait-il au juste ? Ce Portugais dur à la peine était-il capable de souffrir autant qu'un être de fine culture, aux nerfs délicats ? N'avait-il pas, dans son malheur, la chance d'avoir une peau épaisse ? Mme Cousinet s'approcha de Pierre et lui parla à voix basse :

— C'est moi qui ai amené Miguel en voiture. Il était incapable de conduire lui-même. Les enfants sont restés à la maison. Ma belle-sœur les garde.

— Comment est-ce arrivé ?

— Elle était sortie pour aller chez son amie Mme Bertrand. Une auto l'a renversée. Le conducteur, un sauvage, ne s'est même pas arrêté. Des passants l'ont trouvée. Ils ont prévenu les gendarmes, les pompiers. On l'a emmenée à l'hôpital. Et là...

Elle ne put achever. Un bouillon de larmes lui gonfla la bouche. Miguel dirigea sur elle un œil réprobateur sous ses gros sourcils noirs. Buté et lourd, il semblait en vouloir au monde entier de cette mort. Un infirmier entra, tenant un trousseau de clefs à la main. Il était temps de partir.

— On ne peut pas rester plus longtemps, dit Pierre. Allons-nous-en, Miguel. Nous reviendrons demain.

Mme Cousinet prit le bras du jardinier. Miguel se laissa emmener, les épaules basses, sans un regard pour la morte.

Le thé était trop fort et les toasts trop grillés. Mme Cousinet, malgré sa bonne volonté, n'avait pas la manière. Elle allait et venait entre la salle à manger et la cuisine, un torchon à la main, à la fois agitée et inefficace. Il était déjà bien beau qu'elle acceptât de remplacer Maria au pied levé. Grattant le dessus de son toast calciné avec le couteau, Pierre voulut faire observer à Mme Cousinet qu'elle ne savait pas se servir du grille-pain. Mais il se retint et racla la croûte charbonneuse avec le tranchant de la lame. Le beurre, trop froid, s'étalait mal. Mme Cousinet n'avait pas pensé à le retirer du réfrigérateur en arrivant. Il croqua sa tartine sans plaisir. D'ailleurs, il n'avait pas faim. Il avait passé une très mauvaise nuit, obsédé par la disparition de Maria. Sa fatigue et sa tristesse étaient telles qu'il ne serait pas en forme pour reprendre son travail au cabinet dentaire, ce matin. Et, de toute façon, il serait obligé de revenir plus tôt pour régler avec Miguel la question des obsèques.

Comme pour se rassurer sur la pérennité des institutions domestiques, il laissait courir ses regards dans la salle à manger. Les assiettes anciennes aux murs, le tableau d'un petit maître hollandais représentant un marché en plein air dans des ruines, le bahut Louis XIII sculpté avec une tête d'ange de chaque côté des vantaux, tout lui rappelait sa femme. Elle était encore là dans ses meubles. Plus présente même, peut-être, que du vivant de Maria. Le thé était froid, amer.

— Voulez-vous encore des toasts, monsieur Jouanest ? questionna Mme Cousinet.

— Merci, c'est parfait comme ça ! marmonna-t-il. Savez-vous si Miguel est déjà parti pour l'hôpital ?

— Je crois qu'il est encore là. J'ai vu sa 2 CV devant la porte. Vous voulez lui parler ?

— Oui.

— Je vais le prévenir pour qu'il ne s'en aille pas.

Elle s'élança, légère malgré sa corpulence. Pierre l'arrêta d'un cri :

— Ne vous dérangez pas. J'y vais moi-même.

La maison du gardien était mussée près de la grille, sous un bouquet de hêtres. Pierre frappa et entra sans attendre la réponse. Miguel était attablé dans la cuisine, devant des bols vides, une cafetière et une miche de pain. Son fils, Frédéric, et sa fille, Amalia, l'encadraient, pétrifiés de chagrin, barbouillés de larmes. Tous trois se levèrent. Mais Miguel se rassit presque aussitôt, comme si ses jambes se fussent dérobées sous son poids. Frédéric et Amalia restèrent debout. Le garçon, maigrichon et brun, avait de larges yeux rêveurs. Une ombre bistre les cernait, accentuant leur éclat. La fille, rondelette et le teint mat, avait déjà un air de petite ménagère sérieuse. Au vrai, Pierre ne s'était jamais soucié des rejetons de Miguel et de Maria. Depuis la mort de Suzanne, Maria, poussant la discrétion à l'extrême, avait habitué ses enfants à disparaître dès que Monsieur se montrait. Il les apercevait parfois courant dans le jardin, mais il ne leur adressait guère la parole. En revanche, Suzanne, autrefois, s'occupait beaucoup d'eux. Frédéric était né peu après l'installation de ses parents comme gardiens à *La Buissonnerie*. Il n'avait pas connu d'autre horizon que celui-ci. Plus encore que sa mère ou son père, il faisait partie de la maison. Pierre embrassa les enfants avec une maladresse virile. Ils étaient mous comme des poupées de chiffon.

— Vous vous apprêtiez à partir ? dit-il en revenant à Miguel.

— Oui, grogna Miguel. On va la saluer tous, là-bas. Et puis, je m'occuperai de l'enterrement. Je veux que ce soit dans notre village, au Portugal, près de Coimbra.

Stupéfait, Pierre murmura :

— Au Portugal ?

— Oui, monsieur. Je sais. Le transport coûtera très cher. Mais j'ai de l'argent de côté. Je vendrai tout ce que je possède. J'emprunterai si c'est nécessaire. Il faut que Maria repose là-bas, dans la famille. Entre le père et la mère. C'est sacré. On ne peut pas autrement.

Que répondre à cela ? Pierre était devant un taureau résolu à mourir plutôt que de rompre d'un pas.

— C'est bien, dit-il, renseignez-vous auprès des pompes funèbres.

Et il ajouta :

— Je prendrai les frais à ma charge.

Cette idée lui était venue subitement, et il en fut fier comme d'une bonne action que Suzanne eût approuvée.

— Merci, monsieur, dit Miguel. Mais je ne le veux pas. Simplement, je vous demanderai peut-être une avance. Je vous rembourserai peu à peu.

— Laissons cela, dit Pierre. Combien de temps comptez-vous rester au Portugal ?

— Je ne sais pas, monsieur. Je ferai le plus vite possible et nous reviendrons. Il y a tant de travail dans le jardin ! Vous allez sans doute engager un autre couple. Il faudra que je mette le nouveau jardinier au courant avant que nous repartions pour de bon.

Pierre n'avait pas envisagé sérieusement la succession de Miguel. Mais, en effet, Maria étant morte, il ne pouvait se contenter d'un homme seul à son service. Mécontent, il grommela :

— Ne vous occupez pas de ça... J'aviserai en temps voulu...

— Si, si, monsieur, insista Miguel. Il faut que ce soit clair. Je ne repartirai pour le Portugal qu'après avoir tout arrangé à *La Buissonnerie*.

— Vous comptez retourner définitivement dans votre pays ?

— Oui, monsieur. Ici, sans Maria, je n'ai pas de vie. Là-bas, peut-être que je guérirai de la mort.

— Bon, soupira Pierre avec lassitude. Je vais à Paris pour la matinée. Mais, au début de l'après-midi, je serai de retour.

En montant dans sa voiture pour prendre la route, il se dit qu'il venait de tourner une page. Il mit le moteur en marche et fut sensible à l'obéissance de la mécanique. La radio de bord distillait des informations sportives. Il faisait beau. Ne pas oublier de décommander les Harteville pour le week-end.

## 3

Pierre alluma sa lampe de chevet et jeta un regard à la pendulette : cinq heures du matin. Il y avait bien une heure qu'il se retournait dans le noir, ramait des jambes, froissait l'oreiller pour s'efforcer de renouer avec le sommeil. Découragé, il se leva, tira les rideaux, ouvrit la fenêtre. La fraîcheur de la nuit baigna son visage et acheva de le réveiller. Au-dessus des arbres encore dénudés, le ciel était plein d'un tumulte de nuages noirs et chevelus, qui défilaient tragiquement devant le disque pâle de la lune. Dans cette clarté intermittente, le jardin, avec sa large allée centrale, ses boqueteaux, son rideau de peupliers du côté de la route, prenait un aspect théâtral et menaçant. Près de la grille, la maison de gardien, tous volets clos, dormait. Vide. Depuis dix jours déjà. Pierre ne pouvait s'habituer à cette disparition insolite. Quelque chose manquait là-bas, au bout du chemin. Avec ce trou dans la composition du puzzle, tout était déséquilibré. Les formalités avaient été longues. Enquête de la gendarmerie, autopsie, permis d'inhumer, départ du corps dans le fourgon des pompes funèbres pour la frontière. Miguel avait suivi, comme un fou, avec ses enfants, dans la 2 CV bringuebalante. Tiendrait-elle seulement jusqu'au retour ? Mais sans doute n'y aurait-il pas de retour, contrairement à ce que Miguel avait promis. Toute la famille resterait au Portugal. Sinon, ils auraient déjà donné de leurs nouvelles. Evidemment, ils n'avaient emporté que peu de bagages. Trois pauvres valises d'émigrés, le couvercle maintenu par des ficelles. Bah ! ils écriraient pour se faire expédier le surplus. En attendant, Pierre s'était mis d'accord avec Mme Cousinet qui venait faire le ménage, tant bien que mal. Le père Cyprien, un retraité de la S.N.C.F., s'occupait du jardin, quand son propre potager lui en laissait le loisir. Heureusement, avec ce printemps tardif, la végétation hésitait encore à se prononcer. Mais, bientôt, il faudrait envisager une autre organisation. A l'idée d'introduire chez lui un nouveau couple de gardiens, Pierre se hérissait. Comment choisir ? Suzanne disait de son mari qu'il vivait à la maison comme un invité, servi par tous et ne s'occupant de rien. Il se rappela leurs plaisanteries à ce sujet, leurs rires, et la nuit, tout à coup, lui parut plus pesante, plus hostile, comme si la clarté du jour ne devait jamais revenir. Comme s'il était le seul homme vivant dans un désert de ténèbres. Planté devant la fenêtre, il respirait l'odeur de la terre, de la pluie, et le passé bougeait en lui, demandait à renaître. Les premiers oiseaux s'éveillèrent avec des pépiements pointus. Chaque fois, ce chant de l'aube le bouleversait, tel un discret encouragement à surmonter ses regrets et ses craintes. Ah ! oui, il aimait sa maison ! Jamais il n'accepterait de vivre ailleurs. Il referma la croisée et revint s'asseoir au bord du lit, de *leur* lit. Sur la table de chevet, une photographie de Suzanne souriait dans un cadre de métal. Il connaissait trop cette image conventionnelle pour être ému en la regardant. Avec un plaisir malsain, il alla chercher, dans un tiroir, un vieil album qui pouvait lui réserver encore quelques surprises. Mais, là aussi, le parcours était si familier qu'il pouvait s'en représenter chaque étape, les yeux fermés. Pourtant une petite photographie le retint. Il n'y avait guère prêté attention jusqu'à ce jour. Suzanne et Maria assises sur un banc, dans le jardin, et, devant elles, un bébé qui jouait dans l'herbe. Il y avait neuf ans de cela. Le bébé, c'était Frédéric. Suzanne avait été bouleversée par cette naissance. Peut-être parce qu'elle n'avait pas eu d'enfant elle-même. Frustrée dans son désir de maternité, elle avait reporté sa tendresse sur le fils d'une autre. Le moindre rhume de Frédéric l'inquiétait. Pour un oui pour un non, elle dérangeait le D^r^ Larivière. Et avec quelle anxiété elle commentait devant Pierre les difficultés scolaires du garçon ! Il était peu doué pour les études, paresseux, joueur et charmant. Elle disait de lui : « Il ne ressemble ni à son père ni à sa mère. Mais je suis sûre que, par son intelligence naturelle, il obtiendra ce que d'autres obtiennent par leur travail. » Amalia, l'aînée, était en revanche, paraît-il, une bonne élève. En vérité, Pierre ne connaissait ces enfants qu'à travers les propos de sa femme. Ils existaient pour lui dans la mesure où Suzanne s'intéressait à eux. Jamais il n'avait tenté de les approcher, de les questionner. Il les plaignit rituellement d'avoir perdu leur mère à un âge si tendre. Ayant commencé leur vie et leurs études en France, ne seraient-ils pas malheureux d'être brusquement transplantés au Portugal ? Le Portugal !

Pierre connaissait à peine ce pays, si proche sur la carte, si lointain dans la réalité. Il se rappela ce congrès, dix ans plus tôt, à Lisbonne. Il y était allé avec Suzanne. Mais qu'avaient-ils vu de la patrie de Miguel et de Maria ? Des promenades touristiques, la baie avec ses bateaux de pêche aux proues enluminées et aux voiles rousses, les façades rose pastel ou grenat des maisons, les églises baroques, les musées frais et sonores, les courses de taureaux à cheval, les nuits perdues dans les cabarets du Barrio Alto, où des chanteurs à la voix âpre clament leurs fados, dans la fumée épaisse du tabac, au-dessus d'un public extasié. Maria disait que Lisbonne n'était pas le Portugal. Elle parlait avec amour de ses compatriotes, fiers, têtus, généreux, hospitaliers, ardents au travail comme au plaisir. Suzanne, les derniers temps, rêvait de retourner dans ce pays. Elle eût aimé, disait-elle, passer ses vacances d'été dans un village portugais de la côte. La maladie l'en avait empêchée.

Pierre rangea l'album de photographies, tourna en rond dans la chambre, décida qu'il était trop tôt pour se lever, trop tard pour se recoucher, et passa dans la salle de bains afin de se raser et de prendre sa douche. Le ruissellement de l'eau sur son corps chassa les fantasmagories de la nuit. Il s'étrilla avec rage pour devenir un homme neuf, un homme du matin. Puis, satisfait, il s'appliqua une lotion alcoolisée sur le visage et choisit, dans la garde-robe, son costume du jour.

Une fois habillé, il descendit dans la cuisine pour préparer son petit déjeuner : Mme Cousinet ne venait qu'à sept heures et demie et il ne pouvait attendre jusque-là. Debout devant la cuisinière à gaz, dans la grande pièce carrelée de faïence blonde, il eut l'impression désagréable d'être abandonné de tous, oublié de tous. Un homme seul dans un monde froid. De fait, il n'y avait pas beaucoup de gens qui comptaient dans sa vie. Il avait perdu ses parents très jeune et n'avait gardé aucune relation avec le reste de ses proches. Ses rares amis lui tenaient lieu de famille. Cependant, aujourd'hui, il souffrait bizarrement de cette distance entre lui et les autres. Après l'effet salutaire de la douche, une révolte sourde le reprenait, une anxiété diffuse, qui précipitait les battements de son cœur. Le mal ne se réduisait pas par le raisonnement. Il venait de partout, de la bouilloire qui sifflait, des fenêtres éclairées par une aube maladive, du tilleul disparu, du silence que hachait le tic-tac d'une horloge à balancier de cuivre. Pierre ne s'assit même pas pour boire sa tasse de thé et manger ses deux toasts. Droit sur ses jambes, il se restaurait en visiteur pressé. Sûrement, dès qu'il serait au volant de sa voiture, tout irait mieux. Mme Cousinet arriva au moment où il sortait l'auto du garage. Elle poussa les hauts cris en apprenant qu'il partait déjà :

— Mais vous êtes en avance, monsieur Jouanest !

— J'ai pas mal de travail en retard qui m'attend à Paris ! dit-il.

— Et votre petit déjeuner ?

— Je l'ai fait moi-même.

Il embraya, laissant derrière lui, dans le matin frisquet, la vaste maison déserte et Mme Cousinet qui ouvrait les bras en continuant à parler dans le vide.

Premier arrivé au cabinet dentaire, il passa l'inspection de toutes les pièces, constata que rien ne clochait et se réfugia dans son minuscule bureau, au fond de l'appartement, pour lire les journaux en attendant la venue de ses collaborateurs. Très vite, dédaignant les informations politiques, il sauta sur les petites annonces. Une seule demande d'emploi dans la rubrique qui l'intéressait : *Couple retraités valides cherche place gardien-jardinier, femme de ménage, préférence région parisienne. Sérieuses références.* Peut-être ceux-ci feraient-ils l'affaire ? Pourquoi ne pas téléphoner au numéro indiqué ? Pierre hésitait : des retraités, des vieux, avec leurs manies. Ils encombreraient son existence au lieu de le décharger de ses soucis. Il fallait un couple jeune, mais pas trop. Comme Maria et Miguel, qui avaient respectivement trente-trois et trente-huit ans. Et sans enfants, si possible. Le mieux était encore de passer une annonce soi-même, en précisant ses exigences et d'attendre les propositions. Mais quel défilé, alors, dans sa vie ! Comment juger tous ces gens disparates ? Sur leurs certificats ? Sur leur mine ? Pierre n'en avait pas le courage. Il remit sa décision à plus tard. La secrétaire arriva, tout essoufflée. Puis ce fut le tour de Marc Véry, de l'assistante, du prothésiste. Le cabinet reprenait vie. Le premier patient se présenta enfin. Pierre retrouva avec bonheur les gestes habituels de la profession. Malgré son insomnie, il réussit plusieurs interventions avec une habileté qui le ravit. La matinée passa très vite. Selon son habitude, il déjeuna sur place d'un sandwich qu'un garçon lui apporta du bar, à côté. Comme boisson, de l'eau. Il jugeait cette sobriété nécessaire à la sûreté de ses mains.

C'était seulement à dîner qu'il se permettait de boire du vin. Dans l'après-midi, qui fut très chargé en rendez-vous, sa secrétaire lui rappela qu'il devait aller au théâtre, ce soir, avec les Harteville. Il l'avait oublié et se réjouit de cette occasion de revoir ses amis. On disait que la pièce était très brillante. En fin de journée, après le départ du dernier patient, il prit une douche dans la petite salle de bains attenante à son bureau, changea de linge (il avait sur place une garde-robe de secours) et se passa un rasoir électrique sur les joues. La glace lui renvoya l'image d'un homme sec, aux cheveux grisonnants et au regard vert, accentué par le bleu pâle de la chemise.

Les Harteville l'attendaient dans le hall du théâtre. C'était un couple gai et mondain, qui l'amusait par son bavardage, mais dont Suzanne, jadis, critiquait la médisance. Pendant tout le spectacle, Pierre dut se forcer pour prêter attention à l'agitation comique de la scène. Il riait et applaudissait avec tout le monde, mais le cœur n'y était pas. Comme s'il n'avait pas le droit de se divertir parce qu'il était en deuil. De qui ? De Maria ? Tout à coup, il se rappela le dévouement de Maria durant la maladie de Suzanne. De cuisinière et femme de chambre, elle était devenue infirmière. Une infirmière infatigable, souriante et aimante. Il lui avait appris à faire des piqûres. Les derniers temps, elle veillait sur la mourante, la nuit, pendant qu'il dormait sur un canapé, dans la roberie. Les Harteville s'esclaffèrent à une réplique drôle, et il fit comme eux.

On soupa dans un restaurant proche du théâtre. A table, Gisèle Harteville lui demanda s'il avait pu s'arranger « sur le plan domestique ». Il avait prévenu ses amis du « contretemps » qui l'empêchait de les recevoir à la campagne. Avec une fausse assurance, il affirma que, pour l'instant, il était toujours « dans le brouillard », mais qu'il avait bien l'intention de « s'organiser » dans les prochains jours.

— Seulement, dit-il, je ne veux pas me précipiter et engager n'importe qui. Il est si grave de confier sa maison à un couple d'inconnus !

— Je reconnais qu'il ne doit pas être facile de remplacer Maria et Miguel, dit Gaston Harteville. Ils étaient vraiment très bien !

— Maria surtout avait des qualités, dit Pierre.

Sa remarque n'eut pas d'échos. Déjà, Gisèle Harteville avait changé de conversation et racontait, avec beaucoup de sel, les soucis de sa meilleure amie, dont le mari s'était découvert, sur le tard, une passion pour les modèles réduits téléguidés.

Il était plus d'une heure du matin lorsque Pierre reprit la route.

En arrivant à la grille de *La Buissonnerie*, il reçut un choc. Ces lumières, derrière un entrelacs de branches noires. La maison de gardien était éclairée. Miguel était revenu !

Pierre descendit de voiture et marcha vers la porte. Une joie inattendue le possédait. Comme s'il se fût hâté vers un rendez-vous convenu de longue date. La porte ouverte, il trouva la famille réunie autour des valises qui encombraient la table de la cuisine. Amalia faisait chauffer du café. Miguel avait un visage tiré, verdi par la fatigue. Frédéric somnolait, affalé sur une chaise.

— Vous venez d'arriver ? dit Pierre.

— Oui, on a mis deux jours, dit Miguel. On s'est arrêtés et on a dormi au bord de la route. J'ai crevé juste avant la frontière espagnole. Ah ! c'est un long voyage !

— Et là-bas ?

— Tout s'est bien passé, monsieur, soupira Miguel. Avec honneur. La famille a voulu nous retenir plus longtemps. J'ai refusé.

Pierre fit le magnanime à peu de frais :

— Pourquoi ? Vous n'auriez pas dû vous presser ainsi.

— Je ne pouvais pas laisser Monsieur dans l'embarras, dit Miguel.

— J'avais Mme Cousinet, le père Cyprien !

Miguel hocha sa dure tête de bois :

— Non, non, tout est très bien comme ça, monsieur. Maria est dans sa terre. Et je suis ici pour finir notre contrat. Je ferai mon préavis pendant que vous chercherez... Et après, tous nous vous dirons adieu et merci, monsieur.

De nouveau, Pierre éprouva un sentiment complexe d'agacement et de déconvenue. Miguel le dérangeait autant par sa présence que par son absence. L'arôme du café emplissait la cuisine. Amalia tira d'une valise une baguette de pain qu'ils avaient dû acheter en cours de route, du fromage, du beurre, une épaisse tranche de pâté. Puis elle houspilla Frédéric à voix basse pour qu'il enlevât les bagages de la table et y disposât les bols et les couverts. Le garçon obéit en traînant les pieds. Tout à coup, la pièce au sol de tommettes et au plafond barré de grosses poutres s'anima, se réchauffa. Le pâté avait une odeur robuste. Pierre en fut bizarrement écœuré.

— Bonsoir, dit-il en tournant les talons.

Il remonta en voiture. Au bout de l'allée, la maison de maître, habillée de lierre, l'attendait, solitaire, toutes fenêtres éteintes, sa lourde toiture de tuiles anciennes tirée en visière sur les yeux.

# 4

En pénétrant, le matin, dans la salle à manger, Pierre vit Amalia qui dressait la table pour le petit déjeuner.

— Que fais-tu là ? dit-il en s'asseyant.

— Mme Cousinet n'a pas pu venir, dit Amalia. Elle est allée voir sa fille qui est malade.

— Et toi, tu ne vas pas en classe ?

— C'est les vacances de Pâques depuis samedi dernier, monsieur.

— Ah bon !...

Il n'insista pas davantage, constata que le thé était aussi bien dosé et les toasts aussi bien grillés que du temps de Maria et complimenta la fillette. Tandis qu'il se restaurait, elle acheva de ranger la vaisselle de la veille dans le bahut. Ses gestes étaient prompts, son regard étonnamment grave pour son âge. Ne souriait-elle jamais ? Il est vrai qu'elle venait de perdre sa mère.

— Je peux monter dans votre chambre, monsieur ? demanda-t-elle.

— Pour quoi faire ?

— Le ménage, monsieur.

— Tu sauras ?

— Mais oui, monsieur. J'ai souvent aidé maman autrefois.

Elle parlait le français sans le moindre accent. Mieux que le portugais, sans doute. D'ailleurs, quand Miguel ou Maria s'adressaient en portugais à leurs enfants, c'était toujours en français que ceux-ci répondaient. Pierre voulut marquer son intérêt pour cette fillette laborieuse et demanda :

— Tu es contente de ton travail à l'école ?

— Oui, monsieur.

— Quelles sont les matières qui t'intéressent ?

— Le français, les mathématiques.

— Que veux-tu faire plus tard ?

— Je veux être médecin ou... ou dentiste.

Il sourit :

— Pourquoi ?

— Je ne sais pas, monsieur. Je crois que ce doit être intéressant.

— Très, dit-il. Tâche de ne pas changer d'avis en cours de route !

Elle s'éclipsa sur une petite moue crispée.

Avant de partir pour Paris, Pierre sortit dans le jardin. Miguel binait la terre autour des rosiers. Frédéric ratissait le gazon de la pelouse envahi de feuilles mortes pourrissantes. Le regard perdu au loin, il maniait le râteau avec tant de nonchalance que son père le rappela à l'ordre, d'une voix rude, en portugais. L'enfant rentra le cou dans les épaules et accéléra le mouvement. Depuis son retour, une rage de travail possédait Miguel. Non content de préparer ses plantations pour la belle saison, il s'était mis en tête de ranger le fouillis de la grange. De toute évidence, il cherchait à s'étourdir dans l'effort. Pierre répondit à son salut et poussa de l'avant vers le fond du jardin, jusqu'à la piscine qui, pour l'hiver, avait été tendue d'une couverture de protection en tulle épais. La couverture n'avait pas bougé. En dessous, on devinait une cavité glauque et profonde. N'était-il pas temps de rétablir la filtration et le chauffage de l'eau ? C'était Suzanne qui avait eu l'idée de cette installation. Détestant les piscines conventionnelles, elle avait voulu donner à celle-ci l'aspect d'un bassin rustique, rectangulaire, à la bordure de vieilles pierres grossièrement assemblées. Ainsi, la pièce d'eau s'intégrait parfaitement au paysage de taillis et de bouleaux frémissants. Mais Suzanne n'avait guère eu le loisir de nager dans ce décor rêvé par elle. La maladie l'avait terrassée quelques mois après l'achèvement des travaux. Pierre, lui, se baignait régulièrement tous les matins, dès les premiers beaux jours. Comme il revenait vers Miguel, ce dernier demanda :

— Vous ne pensez pas qu'il faudrait remettre la piscine en service, monsieur ?

— Il fait encore un peu frais, dit Pierre.

— Le temps va se radoucir. Si vous voulez vous baigner le mois prochain, autant tout arranger maintenant. Comme ça, le moment venu, il ne restera plus qu'à rallumer la chaudière.

— Vous avez raison, dit Pierre. Occupez-vous de ça quand vous aurez un moment.

Soudain, il lui parut étrange de discuter avec Miguel d'un avenir où cet homme ne ferait plus partie de la maison. Tout ce qu'il lui disait était comme entaché d'ambiguïté à cause de ce départ prochain. Ils n'en avaient pas reparlé entre eux depuis le retour de la famille. Comme Pierre se dirigeait vers le garage, il se heurta à Mme Cousinet qui arrivait en boitillant, son cabas au bout du bras.

— Je croyais que vous ne deviez pas venir, dit-il.

— Mais si ! répliqua-t-elle. J'avais dit simplement à la petite que je serais un peu en retard.

— Elle en a profité pour vous remplacer.

— Cela ne m'étonne pas d'elle ! déclara Mme Cousinet en riant.

Et elle ajouta plus bas, avec un air de profonde confidence :

— Vous savez, elle et son frère sont très malheureux de partir pour le Portugal. Ils espèrent que ce sera le plus tard possible. J'ai proposé à Miguel de garder les enfants jusqu'aux grandes vacances. Qu'ils finissent au moins leur année scolaire. Après, ils rejoindront leur père là-bas.

— Et il a accepté ?

— Oui et non, dit-elle. Avec Miguel on ne sait jamais...

Puis, étouffant la voix, chuchotant presque, les yeux plissés :

— Vous avez trouvé un couple pour le remplacer ?

— Pas encore, dit Pierre. Je cherche...

En fait, il n'avait entrepris aucune démarche. Chaque annonce, quand il la lisait, lui paraissait dissimuler un piège.

— Est-ce que vous cherchez bien ? souffla Mme Cousinet. Moi, on m'a signalé un ménage de gardiens, les Muraton, qui travaillent chez le comte et la comtesse de Pénouelle, près du Vaudoué. Ils doivent quitter leur place parce que les propriétaires ont vendu. Peut-être qu'ils feraient votre affaire.

— Oui, oui, je m'en occuperai, dit Pierre évasivement.

— Si vous voulez, je peux les contacter. Je connais leur belle-sœur qui habite par ici.

— C'est ça, dit Pierre.

Il regarda sa montre pour signifier qu'il n'avait pas de temps à perdre en bavardages.

— Je leur dis de venir quand ? insista Mme Cousinet. Samedi matin, vous serez là ?

— Oui, non... Je n'en sais rien encore, dit-il.

Et il la quitta, excédé par une sollicitude dont il n'avait que faire.

A première vue, les certificats étaient excellents. Pierre les relut pour se donner le temps de la réflexion. Devant lui, dans le bureau, se tenait le couple Muraton : l'homme blond et maigre, avec un regard direct ; la femme tout en poitrine et en postérieur, le visage couperosé et le sourire mielleux. Français tous deux. La quarantaine. L'air sain et professionnel. Ils avaient amené leurs deux grandes filles, de dix-huit et seize ans, maquillées, frisottées, avec des colliers de quatre sous descendant sur le corsage et de petits brillants dans le lobe de l'oreille.

— Si vous voulez, vous pouvez téléphoner à Madame la comtesse pour demander d'autres renseignements, dit Muraton. J'avais à m'occuper d'un parc de quatre hectares. Je faisais tout à moi seul. Madame la comtesse adorait les fleurs. Ici, je n'en ai pas aperçu beaucoup en passant. Avec moi, vous verriez le changement. C'est comme pour les arbres. Ils ont été élagués en dépit du bon sens. Ce n'est pas un homme de métier qui vous a fait ça !

Ces critiques, adressées à son employé, irritaient Pierre, bien qu'il les reconnût justifiées. Suzanne elle-même disait que Miguel était plus maçon que jardinier. Mais, conseillé par elle, il entretenait le jardin d'une manière très convenable. De quel droit ce nouveau venu s'érigeait-il en juge ?

La femme Muraton, relayant son mari, vanta ses propres qualités de cuisinière. Chez le comte et la comtesse de Pénouelle, qui recevaient beaucoup, il lui arrivait de préparer des repas de vingt couverts. Madame la comtesse était très pointilleuse sur les menus. Jamais ses invités ne mangeaient deux fois la même chose à sa table.

— Ma grande spécialité, c'est la pâtisserie, affirma la femme Muraton.

— Ici, vous n'auriez guère l'occasion de démontrer votre talent, trancha Pierre. Je reçois peu. Et je suis au régime.

Plus les Muraton lui donnaient des preuves de leurs capacités, plus il se rétractait dans une méfiance hostile. Comme s'il avait eu peur de se trouver devant des gens parfaitement adaptés à la situation. Comme si leur compétence même eût été un obstacle à ses yeux. Sûrs d'être embauchés, les Muraton parlaient déjà de leurs gages, de leurs jours de sortie, de leur congé annuel, de leur treizième mois. L'esprit absent, Pierre acquiesça du bout des lèvres. Ils lui demandèrent si, dans la maison de gardien, il y aurait, en plus de leur chambre, une chambre pour leurs filles. Pierre appela Miguel, qui passait devant la fenêtre, et lui dit de faire visiter son logement. En regardant s'éloigner le petit groupe dans l'allée, il se sentit mal à l'aise. A côté de la silhouette trapue, familière, rassurante de Miguel, les Muraton étaient des intrus.

Ils revinrent bientôt en disant que tout leur convenait en principe mais qu'ils demandaient quarante-huit heures avant de se décider parce qu'ils avaient d'autres propositions.

— Moi aussi, j'ai d'autres propositions, dit Pierre sèchement.

Il les vit partir sans regret.

Aussitôt après, il monta se changer. Il attachait une grande importance à sa toilette. Etre vêtu avec soin contribuait à son bien-être et, en quelque sorte, à la conscience de son identité. Pour aujourd'hui, une tenue décontractée s'imposait. Il choisit gravement les pièces de son habillement : chemise vert pâle à col ouvert, rehaussée par un foulard de soie vert bronze, pantalon beige clair, veste de daim artistement culottée... Il avait rendez-vous à midi, au golf de Fontainebleau, avec son ami Bernard Changarnier. Avocat au barreau de Paris, Bernard était dévoré par sa clientèle. Très pris de son côté, Pierre déplorait de le voir si rarement. Il estimait la faconde, la droiture, la gaieté virile de cet ancien camarade de lycée. Le seul avec qui il n'eût pas perdu contact.

En le revoyant, il lui trouva l'air plus sombre que d'habitude. Grand et lourd, Bernard avait un visage marqué par la fatigue. Incontestablement, bien qu'ils eussent le même âge, Pierre paraissait plus jeune que lui. Il en conçut une satisfaction égoïste. Ce n'était pas pour rien qu'il s'imposait une stricte hygiène de vie. Ils déjeunèrent au restaurant du *Club House*. Dès le début du repas, Bernard, interrogé par Pierre, reconnut qu'il n'était pas « au mieux de sa forme ». Son divorce avec Marianne lui posait des problèmes. Il les évoqua, entre deux bouchées : Marianne voulait quitter Paris pour se fixer à Angers ; dans ce cas, elle emmènerait leurs trois enfants dont elle avait la garde ; cela compliquerait l'exercice du droit de visite... Derrière toutes ces questions d'organisation matérielle, Pierre devinait le désarroi d'un homme en perte d'équilibre. Nul ne savait au juste ce qui avait provoqué la dislocation du ménage. Bernard était très discret sur ce point. Sans doute était-ce Marianne qui avait décidé de rompre. Et lui, il souffrait dans son amour-propre, peut-être aussi dans son amour. Impatient de parler de ses soucis personnels, Pierre se sentait dépassé et frustré. Il trouvait que Bernard dramatisait à l'envi une situation somme toute classique. Au bout d'un moment, il cessa de l'écouter pour penser à lui-même, à Miguel qui allait repartir pour le Portugal, à la difficulté de rendre à *La Buissonnerie* son charme élégant d'autrefois. Pourtant, comme il ne pouvait décemment paraître insensible aux préoccupations de son ami, il finit par intervenir avec un rude bon sens :

— Je comprends que tout cela bouillonne dans ta cervelle. Mais, crois-moi, dans quelques semaines, nous en sourirons ensemble. Je ne serais pas surpris que Marianne revienne sur sa décision.

— Tu ne la connais pas ! dit Bernard. Quand elle a une idée en tête !... D'ailleurs, je tiens autant qu'elle à cette solution radicale. J'en suis même ravi ! Seulement je dois m'adapter, m'organiser... Cela ne se fait pas du jour au lendemain !

— Non, dit Pierre amèrement. J'en sais quelque chose !

— Tu as des ennuis, toi aussi ?

— Plutôt !

Et, sautant sur l'occasion, Pierre mit Bernard au courant de ses « désagréments domestiques ».

— Là, je ne te suis pas, dit Bernard. *La Buissonnerie* est un endroit merveilleux. Mais, depuis la mort de Suzanne, tu dois t'y sentir bien seul ! En plus, tu fais chaque jour soixante kilomètres à l'aller et autant au retour. Et, quand tu arrives chez toi, c'est pour tomber dans les pires tracas. Installe-toi donc à Paris et tous tes problèmes seront résolus !

— Non. J'aime trop Milly. J'ai besoin de voir des arbres, la terre, d'entendre les oiseaux, le matin. J'étoufferais à Paris !

Autour d'eux, la salle du restaurant s'était peu à peu remplie de monde. Rien que des habitués. On se saluait entre connaissances. Les visages étaient heureux, insouciants. Pierre et Bernard prirent leur café en silence. Soudain, Bernard dit :

— A propos, j'ai vu Nicole, hier soir, chez les Moulin.

Pierre tressaillit : Nicole était donc revenue de New York ! Son agence de publicité — filiale d'une firme américaine — l'avait envoyée aux Etats-Unis, comme rédactrice, pour un stage de trois mois. Il lui avait écrit là-bas, à deux reprises. Elle ne lui avait pas répondu. Simple négligence ou désir de couper les ponts ? Sûrement, elle l'avait déjà remplacé. Il n'attachait guère d'importance sentimentale à leur liaison. Mais il était vexé qu'elle eût pris l'initiative de ce dénouement sans gloire.

— Elle ne t'a pas téléphoné ? demanda Bernard.

— Non.

— C'est drôle ! Hier, elle m'a demandé de tes

nouvelles. Mais tu sais comme elle est : toujours occupée, survoltée et environnée de mystère...

Pierre sourit : c'étaient bien là les principales caractéristiques de Nicole. Au fond, il n'avait aucune envie de la revoir. Les derniers temps, à Paris, leurs rencontres devenaient de plus en plus décevantes. Le brillant sentiment du début tournait à la camaraderie. Tout était bien ainsi. Il se leva, s'étira, impatient d'essayer son adresse sur le links. Bernard se dressa à son tour. Il avait pris de l'embonpoint. Pierre lui appliqua une légère tape sur le ventre :

— Attention aux kilos ! Tu te laisses aller, mon vieux !

— Oh ! dit Bernard, au point où j'en suis, je te jure que je ne me soucie guère de ma ligne !

— C'est un tort ! Le physique conditionne le moral. La pesée quotidienne est le commencement de la sagesse.

— Tu peux parler, toi ! Tu n'as pas pris un gramme en trente ans. Tu as une de ces chances !

Le mot de chance, appliqué à son cas, parut à Pierre une hérésie. Ils se rendirent au départ, suivis de deux caddies qui portaient leurs clubs. Très vite, Pierre constata que Bernard n'était pas à son affaire. Il frappait la balle sans réflexion, manquait les coups les plus faciles, pestait contre lui-même, contre son matériel, contre les obstacles du terrain, et retardait Pierre dans sa progression. Au seizième trou, il déclara forfait. Il n'en pouvait plus. Pierre termina sans lui. Après quoi, Bernard, exténué, refusa d'aller prendre un verre à *La Buissonnerie*. Il devait rentrer dare-dare à Paris où des dossiers urgents l'attendaient : « Déjà six heures, tu te rends compte ? » Il paraissait mécontent, comme quelqu'un qui a perdu sa journée. Pierre, en revanche, était très fier de son score : il avait fait le parcours en quatre-vingt-cinq coups. L'une de ses meilleures performances. A qui le dire ? Autrefois, Suzanne jouait au golf avec lui, à Fontainebleau. Un instant, il revit sa silhouette menue, le club levé, virant sur ses hanches et giflant la balle dans un drive sec et précis. Il aimait par-dessus tout ces longues marches avec elle, tôt le matin, avant l'afflux des joueurs, à travers un paysage vert et accidenté. Au retour, dans la voiture, ils discutaient leurs prouesses respectives, commentaient chaque coup, alternaient compliments et critiques. Aujourd'hui, Pierre emportait de ces heures apparemment agréables passées en compagnie de Bernard un souvenir d'insatisfaction. En serait-il ainsi, désormais, de toutes ses journées ?

A la maison, il trouva Mme Cousinet qui l'attendait pour servir. Elle lui demanda ce qu'il souhaitait pour le dîner et il opta pour un plat de viande froide et un peu de salade à l'huile de maïs. Avant de se retirer, Mme Cousinet murmura :

— Alors, vous ne vous êtes pas entendu avec ce couple ?

— Quel couple ? demanda Pierre.

— Les Muraton.

— Ah non ! Pas du tout !

— Ils avaient pourtant l'air d'être du métier.

— Un peu trop.

Au lieu de s'en aller, Mme Cousinet piétinait dans le bureau. Son visage épais, au nez rond, au menton rond, aux yeux ronds, exprimait un mélange de hardiesse et de crainte. Elle était toute confite en mystère. Soudain, elle se jeta à l'eau :

— Me permettez-vous de vous faire une suggestion, monsieur Jouanest ? C'est une idée qui m'est venue comme ça... Vous pourriez garder Miguel pour le jardin et engager une femme de l'extérieur pour le ménage.

— Cela ne me paraît pas possible, dit Pierre. D'ailleurs, il veut repartir pour le Portugal.

— Oh ! non, monsieur. Il ne sait pas très bien où il en est, le pauvre ! Il est si attaché à *La Buissonnerie* ! Vous avez vu comme il s'échine dans le jardin depuis qu'il est revenu. Ce coin de terre, c'est sa vie. S'en arracher serait pour lui un crève-cœur ! Et je ne parle pas des petits qui pleurent chaque soir à l'idée de quitter la France. Croyez-moi, il suffirait que vous disiez un mot, et Miguel resterait...

— Oui, concéda Pierre, ce serait évidemment une solution. Mais vous-même, madame Cousinet, ne pourriez-vous continuer à vous occuper de la maison comme vous le faites ?

Mme Cousinet parut déconcertée et rougit de plaisir :

— Moi ? Oh ! comme c'est aimable à vous, monsieur Jouanest, de me le demander ! Si ça peut vous arranger, pourquoi pas ? Je ne remplacerai jamais tout à fait la pauvre Maria, bien sûr ! Pourtant, avec l'aide de Miguel pour le gros ménage, ça pourrait aller...

Elle rayonnait, sphérique et propre. Pierre se sentit bizarrement exaucé. Il ne savait pas qu'il souhaitait, depuis le début, cet accommodement boiteux. Tout rentrait dans l'ordre. Il n'avait plus à se préoccuper de rien.

— Allez chercher Miguel, dit-il.

Quand le jardinier se présenta devant lui, il dut se retenir pour ne pas le recevoir avec un large sourire d'amitié. Ce fut sur un ton posé qu'il lui offrit de rester définitivement à *La Buissonnerie*. Miguel l'écouta, le front en avant, la mâchoire lourde, l'air bourru, et soudain, pivotant sur ses talons, se dirigea vers la porte. Sur le seuil, il se retourna. Ses yeux débordaient de larmes. Il revint sur ses pas. Sa lèvre inférieure pendait, tout humide. Il renifla, s'essuya le visage avec un mouchoir et balbutia :

— Il y a tellement à faire ici ! Vous avez vu la toiture, du côté de la cour ? Elle est toute à reprendre. Et puis, vous savez, le grillage de clôture de la propriété, il est enfoncé, démoli... Il y a bien longtemps, on en avait causé avec Madame. Elle voulait reconstruire un mur autour, à la place... Je pourrais le faire à moi seul, ça ne vous coûterait que le prix des matériaux...

Il parlait d'une voix saccadée, avec fureur et humilité, sans remercier, comme si ce dénouement ne correspondait pas à son plus cher désir.

— Un mur ? dit Pierre. Moi je veux bien, Miguel. Seulement, vous en aurez pour des années !

— Je mettrai le temps qu'il faudra, mais j'y arriverai, grommela Miguel. Un beau mur, bien solide, qu'on soit enfin chez nous !...

L'émotion lui coupait le souffle. Ses yeux s'embuaient de nouveau. Il fit une aspiration profonde et conclut :

— Voilà. C'est comme ça !

— Oui, c'est comme ça, dit Pierre.

Il se sentait soudain aussi embarrassé que Miguel. Assis derrière son bureau, il tournait entre ses mains une loupe ancienne dont Suzanne lui avait fait cadeau, jadis, pour son anniversaire.

— Et pour les dimensions, monsieur, dit encore Miguel, est-ce que je reprends celles qu'on avait décidées autrefois avec Madame ?

— Bien sûr ! répondit Pierre, la gorge serrée, en continuant à jouer avec sa loupe.

— Elle disait un mètre quatre-vingts de haut, tout fini. En parpaings. Et, par-dessus, un petit toit à deux pentes avec une faîtière.

— D'accord, dit Pierre.

— Mais n'ayez pas peur, monsieur : ça ne m'empêchera pas de m'occuper aussi du jardin. Tout se fera en même temps. Qu'est-ce qui me reste d'autre que le travail, maintenant, dans la vie ?

Cette réflexion atteignit Pierre de plein fouet. Il se l'était faite lui-même, à plusieurs reprises, après la disparition de Suzanne. Miguel et lui souffraient de la même maladie. Deux veufs placés face à face. Un lourd silence tomba entre eux. Ils se regardaient. Au bout d'un long moment, Miguel fit un hochement de tête et posa la main sur la poignée de la porte. Pierre le retint pour lui demander s'il avait des nouvelles de l'indemnité qu'il pourrait percevoir à la suite de la mort accidentelle de Maria. Miguel répondit que le conducteur responsable ayant pris la fuite, sans témoins, il n'y avait aucun recours en justice possible. D'autre part, comme Maria avait été tuée hors de son travail, en allant chez une amie, la Sécurité sociale refusait d'envisager le versement d'un capital-décès.

— Mais ça n'a pas d'importance pour moi, monsieur, poursuivit-il. Qu'est-ce que c'est que l'argent à côté de la vie ? Je crois bien que ça me déplairait même de me faire payer pour mon deuil ! Est-ce qu'on peut, en même temps, pleurer et tendre la main pour recevoir des sous ?

Mme Cousinet frappa à la porte. Monsieur était servi. Il traversa le salon pour se rendre dans la salle à manger. Au passage, son regard glissa sur les meubles anciens aux bois précieux, morts en même temps que leur maîtresse. Tout à coup, il quittait le monde vivant pour un musée. L'idée même de s'installer dans cette pièce pour prendre son café ne lui venait pas à l'esprit. Dans la salle à manger, il s'assit à sa place habituelle, au bout de la longue table, et regarda dans le vide. Un profond silence feuillu entourait la maison. Sur le bois ciré, de chaque côté de l'assiette, les mains de Pierre se détachaient, pâles et sèches, les ongles coupés court. « Des mains de pianiste », disait Suzanne. Il grignota sa viande froide en lisant son journal. Ses yeux absorbaient pêle-mêle les nouvelles les plus alarmantes sans que diminuât dans son cœur le sentiment de la paix retrouvée.

# 5

Le thermomètre flottant marquait 25°. Le système de filtration faisait courir un friselis à la surface de l'eau. L'air était doux, le ciel sans nuages. Pierre décida de prendre son premier bain de la saison dans la piscine chauffée. Bien qu'on fût un dimanche, Miguel, à quelques mètres de là, binait, sarclait. Il ne pouvait rester sans travailler. Assis côte à côte sur une pierre, son fils et sa fille le regardaient faire avec un ennui respectueux. Du vivant de Maria, qui était très pieuse, la famille Alvares se rendait à la messe tous les dimanches. Depuis qu'elle était morte, Miguel n'emmenait plus ses enfants à l'église. Sans doute n'avait-il pratiqué la religion que pour complaire à sa femme. Pierre se déshabilla dans la maisonnette du vestiaire, plantée près du bassin, enfila son slip et frissonna, agréablement surpris par la brise matinale sur sa peau nue. La piscine, dans son entourage de vieilles pierres grises et de gazon, avait une simplicité attirante. Il tâta l'eau du bout de l'orteil. Ensuite, les jambes unies, les bras tendus, il plongea. L'aisance de son corps à se mouvoir dans l'eau le ravit. Il nagea le crawl en surveillant la régularité de ses battements de pieds, puis se laissa aller à une brasse reposante, pour le seul plaisir de flotter, impondérable, alerte et comme rajeuni.

— Alors, monsieur, elle est chaude ? demanda Miguel.

— Elle est parfaite, dit Pierre.

Et il fit la planche pour reprendre sa respiration. Porté par l'eau, le dos raide, les bras le long du corps, la tête renversée, il fermait les yeux dans la réverbération du soleil. A travers ses paupières closes, le monde extérieur avait une couleur rouge sombre. Sans rien voir, il se sentait observé. Bientôt, il en eut assez de barboter dans le bassin. Il tira encore quelques brasses, sans conviction, et remonta sur le bord. Après s'être douché, il ressortit du vestiaire et s'essuya vigoureusement avec une serviette. Soudain, il entendit sa voix qui, d'une manière tout à fait imprévue, disait :

— Frédéric, Amalia, venez vous baigner ! L'eau est si bonne !

C'était la première fois qu'il invitait les enfants du jardinier à se servir de la piscine. Le trio parut d'abord stupéfait par la proposition. Enfin Miguel dit :

— C'est une chose qui n'est pas possible, monsieur. Après, ils prendront de mauvaises habitudes. Ils voudront y aller tout le temps !

— Mais non, dit Pierre. Je leur fais confiance. Savent-ils nager seulement ?

— Oui, monsieur, dit Frédéric. Nous avons appris à la piscine municipale.

— Eh bien, alors ? Allez vite vous mettre en tenue !

— Vraiment, on peut, monsieur ? s'écria Amalia. Oh ! merci, monsieur !

Les enfants s'élancèrent vers la maison de gardien, tandis que Miguel, réprobateur, faisait cliqueter son sécateur au-dessus d'un buisson. Pierre s'étendit au soleil, sur une chaise longue, les mains croisées derrière la nuque. De jeunes feuillages de bouleaux tremblaient très haut au-dessus de son front.

Cinq minutes plus tard, Amalia reparut, vêtue d'un maillot d'une pièce, une serviette à la main. Courte de taille, les cuisses fortes, le corsage à peine renflé, elle serrait pudiquement les bras autour de sa poitrine et marchait à petits pas en rapprochant ses genoux. Son frère, maigre et étiré, un slip autour des reins, la dépassa en courant. Quand il sauta dans l'eau, les pieds en avant, le nez pincé entre deux doigts, des éclaboussements atteignirent Pierre, mais il ne s'en formalisa pas. Amalia, elle, descendit prudemment les quatre marches de l'escalier qui s'enfonçait dans la piscine, frissonna, remua les épaules, s'accroupit avec lenteur, par étapes, pour s'habituer à la fraîcheur de l'eau, puis s'élança en clignant les yeux. Les deux enfants nageaient assez mal. La fillette se contentait de gigoter en poussant des cris dans la partie du bassin où elle avait pied. Frédéric, en revanche, s'appliquait, progressait, le menton allongé, les bras et les jambes détendus et repliés en cadence. Ensuite, Frédéric et Amalia s'amusèrent à se jeter de l'eau au visage. D'abord timides dans leurs ébats, très vite ils s'enhardirent. Noirauds et vifs tous les deux, les cheveux mouillés, la goutte au nez, des perles dans les yeux, ils sautaient sur place, lançaient leurs mains en avant, bondissaient de côté pour une esquive, piaillaient, riaient follement dans une fête de rayons et de gerbes liquides. Toute la surface du bassin était agitée de vagues. Engourdi d'indulgence, Pierre se divertissait à regarder ces jeux. Tout à coup, le jardin prenait une signification autre que décorative. Il n'était plus un lieu de souvenir mais de vie. Ce fut Miguel qui rappela les enfants à l'ordre :

— Sortez de l'eau maintenant ! Ça suffit !

Ils obéirent. Pierre rentra dans le vestiaire pour se changer, lui aussi. Il n'attendait personne dans la journée et se promit de longues heures de lecture. Comme d'habitude, le dimanche, Mme Cousinet lui avait préparé un repas froid dans la cuisine. Il l'avala sans y penser et desservit la table. Pendant qu'il rinçait trois assiettes et un verre, Amalia surgit. Elle avait encore les cheveux trempés :

— Je vais vous aider, monsieur.

— C'est gentil, Amalia. Mais tu vois, j'ai fini !

Elle tourna un instant, désœuvrée, les bras ballants, dans la pièce et dit soudain, avec une détermination enfantine :

— Vous savez, monsieur, qu'il y a la fête, à Milly, depuis hier ?

Pierre se rappela qu'il avait vu des baraques foraines sur la place, en traversant le village.

— C'est vrai ! dit-il. Tu vas y aller avec Frédéric et Miguel ?

— Pas cette année, monsieur, répondit Amalia d'un air grave.

— C'est ton père qui ne veut pas ?

— Oui, monsieur. A cause de la mort de maman. Vous n'avez plus besoin de moi ?

— Non.

Il la regarda partir, menue dans sa robe noire,

puis, brusquement, lui emboîta le pas. Ils arrivèrent ensemble à la maison de gardien. Assis devant la porte, Frédéric taillait un bout de bois avec son canif. La cuisine était vide. En entendant la voix de Pierre, Miguel sortit de sa chambre, hirsute et ensommeillé. Sans doute faisait-il la sieste.

— Je vais à Milly pour la fête, dit Pierre. J'aimerais y emmener Frédéric et Amalia.

— Non, monsieur, dit Miguel. C'est très gentil à vous. Mais, vous voyez, dans notre deuil...

— Allons, Miguel, pour vous je comprends très bien. Seulement, les enfants, ce n'est pas la même chose. Nous serons de retour dans une heure !

— Comme vous voulez, monsieur, soupira Miguel en baissant la tête.

Visiblement, il hésitait entre la contrariété et la gratitude. Par égard pour leur père, Amalia et Frédéric contenaient leur joie. Pierre les fit monter derrière lui en voiture. On s'arrêta à l'entrée du bourg.

La fête se tenait sur la place du Marché. Une fête banale, avec un tir, un manège, une loterie, des baraques de confiserie médiocre, une piste d'autos tamponneuses. La musique se fracassait contre les murs des maisons voisines. Une foule molle et hébétée flottait entre les éventaires, sous les appels des haut-parleurs et la pétarade des carabines. L'air embaumait les gaufres, les amandes grillées, le pop-corn. Pierre se souvint d'une autre visite à la fête de Milly, avec Suzanne. Ils y avaient rencontré Miguel, Maria et les enfants, oisifs et endimanchés, béant d'étonnement devant les bicoques foraines. Maria, en corsage à petits plis, les cheveux ondulés, avait mis du rouge à lèvres. Miguel portait une cravate. On s'était souri en se croisant. Une famille hier toute ronde, tout heureuse dans la simplicité de ses goûts et de ses ambitions, aujourd'hui meurtrie et disloquée. Une seconde d'inattention, un choc et tout est perdu. Avec effort, Pierre reporta son attention sur Frédéric et Amalia. Pour un instant, ils avaient oublié leur mère. Il s'amusa de leur émerveillement au milieu du tohu-bohu. La bouche entrouverte, les yeux brillants de convoitise, ils découvraient un univers de rêve, une sorte d'opéra où le clinquant était de l'or. Attirés par tout, ils ne s'arrachaient à un spectacle que pour tomber, médusés, devant le spectacle suivant. Instinctivement, Frédéric avait pris la main de Pierre. Pour ne pas se perdre, ou pour se rassurer. De temps à autre, il s'écriait en levant les yeux sur lui :

— Monsieur ! Monsieur, vous avez vu ?

Et il crispait les doigts pour l'associer à son admiration. La loterie offrait aux gagnants des services à thé chinois, des casseroles, des poupées, des bijoux de pacotille. Amalia rêvait devant ce trésor. Pierre lui permit de jouer et paya les billets. La grande roue tournait sous l'impulsion de la patronne, qui, un micro à la main, exhortait les amateurs. Sa voix métallique perçait les oreilles. Le feu aux joues, la fillette choisissait un numéro après l'autre. Pas de chance ! Quand ce fut fini, Pierre, d'autorité, acheta d'autres tickets. Amalia le remercia d'un regard éperdu. Ils étaient les meilleurs clients de la baraque. La roue à compartiments multicolores virait toujours sous le cliquet fatidique. En fin de compte, Amalia gagna. On lui offrait au choix une bague en laiton ornée d'une pierre bleue, un stylo-bille ou un canif. Elle opta pour la bague. En la recevant des mains de la patronne, elle eut une expression de gravité presque religieuse. L'anneau était trop large. Mais elle voulut le garder à son doigt. En dix minutes, elle était devenue une jeune fille. Elle fit miroiter sa bague et, tournée vers Pierre, murmura :

— Merci, monsieur, mais nous avons dépensé beaucoup d'argent !

Pour calmer ses scrupules, il lui assura que sa bague valait dix fois plus. Au stand de tir, il voulut essayer lui-même son adresse et fit mouche aisément. Frédéric s'écria que c'était « génial ». Pierre en conçut une satisfaction d'amour-propre qui l'étonna. Puis, prenant Frédéric à part, il lui apprit à épauler, à viser, à tirer. Mais les balles de l'enfant se perdaient hors de la cible. Alors Pierre empoigna de nouveau la carabine et s'attaqua aux pipes blanches dressées sur un fond de tôle noire. Chaque fois, Frédéric lui désignait le but :

— Celle-ci... Celle de droite maintenant... Celle de gauche !...

L'une après l'autre, les pipes volaient en éclats.

— Monsieur est un fin tireur, dit le patron du stand, d'un air pincé.

Un groupe s'était formé derrière Pierre. Il s'amusait comme s'il avait eu l'âge de ses jeunes compagnons. Ici, les lots étaient plus intéressants qu'à la loterie : un appareil de photo, des bouteilles de mousseux, une paire de jumelles et même un canard vivant. A la fin de la partie, il décrocha le canard. Le patron le lui apporta en le tenant par ses pattes liées. C'était une bête au long bec plat, au plumage marron et vert, à l'œil rond et effaré.

— Ce qu'il est joli ! s'exclama Amalia.

Content de son exploit, Pierre prit le canard dans

ses bras au milieu d'un cercle de spectateurs enthousiastes. Certains le poussaient déjà pour accéder au comptoir et tenter leur chance. Il questionna le patron :

— C'est un canard ou une cane ?

— Un canard, dit le patron.

— Qu'est-ce qu'on va en faire ? demanda Amalia.

— On le donnera à Mme Cousinet pour sa basse-cour, dit Pierre en riant. Je suis sûr qu'elle sera ravie !

Le canard poussa trois cris sonores en s'agitant dans les bras de Pierre. Approuvait-il la décision ? Amalia lui caressa la tête de la pointe de l'ongle. Sa petite bague scintilla. La fillette porta le bijou à ses lèvres, d'un geste convulsif. Il était temps de rentrer. Pierre se dirigea vers la voiture. Le canard serré contre sa poitrine, il fendait la foule à grands pas. Frédéric et Amalia trottaient à ses côtés. Il sentait leur admiration sur ses épaules, comme un manteau royal. Dans l'auto, il passa le volatile à la fillette qui le prit sur ses genoux.

— Donne-le-moi, Amalia ! supplia Frédéric.

— Non, dit-elle, tu es trop petit ! Tu ne saurais pas le tenir !

— C'est toujours pareil avec toi !

— Vous n'allez pas vous disputer pour un canard ! gronda Pierre.

Instantanément le frère et la sœur se calmèrent.

## 6

Le programme, en cette fin de soirée, était par trop indigent : des chanteurs de troisième zone, grimaçants et sans voix, sur un fond multicolore de kaléidoscope. Pierre éteignit le poste de télévision, planté sur une table basse, au fond du bureau. Pendant la maladie de Suzanne, on avait monté l'appareil dans la chambre pour la distraire. Alors, ils assistaient ensemble au spectacle, elle allongée dans son lit, lui assis tout à côté, dans un fauteuil. Parfois, elle lui prenait la main, comme par crainte qu'il ne la quittât. Il se rappela le contact sur sa peau de ces doigts faibles et fiévreux, leur pression inquiète. Aujourd'hui, il était seul, dans le bureau, devant l'écran obscurci. Sans personne avec qui échanger ses impressions. Tout à coup, il repensa à Nicole. Pourquoi ne lui avait-elle pas téléphoné ? N'aurait-il pas dû l'appeler lui-même ? Il eut un élan vers cette femme comme vers une autre couleur de vie, franche, simple et claire, puis tout retomba en cendre dans sa tête. Il respira profondément, prit un livre illustré sur la vie et l'œuvre d'Arcimboldo et l'ouvrit sur la table. Il était passionné — il ne savait trop pourquoi — par la personnalité de cet artiste italien du XVIe siècle, épris de fantastique, qui peignait des visages formés de fruits, de fleurs, de légumes et de coquillages, et entraînait son dernier protecteur, l'empereur Rodolphe II de Habsbourg, toujours plus loin dans le culte de l'extravagance. Au bout d'une heure, les yeux fatigués, il reposa le volume et grimpa l'escalier craquant. A coup sûr, il se préparait une nouvelle nuit d'insomnie. Arrivé dans sa chambre, il se déshabilla et jeta un regard, par la fenêtre, sur le jardin ténébreux. Aux confins de la propriété, près du grillage, derrière un fouillis de buissons, brillait une lumière blanche, immobile. Intrigué, il enfila une robe de chambre sur son pyjama, redescendit l'escalier et sortit. Le ciel étoilé bondit au-dessus de sa tête. Un air frais lui lava le visage. Le gravier de l'allée crissait sous les semelles souples de ses mules. Que signifiait cette clarté insolite ? S'agissait-il d'un rôdeur effronté qui aurait allumé une torche électrique ou du phare d'un tracteur arrêté dans le champ voisin ? En approchant de la clôture, Pierre reconnut Miguel qui, la truelle à la main, travaillait au mur d'enceinte, à la lueur d'une lampe baladeuse dont un réflecteur augmentait l'éclat. Il avait déjà établi les fondations du premier tronçon et, juché sur un échafaudage fait d'une planche et de deux tréteaux, disposait un parpaing sur son lit de ciment frais. Eclairé par en bas, il avait un visage de théâtre aux rides charbonneuses. Son ombre escaladait les arbres aux découpes de décor. A peine réel, il semblait prêt à s'envoler, comme un génie de la nuit surpris dans quelque besogne sacramentelle.

— Que se passe-t-il, Miguel ? dit Pierre. Vous travaillez la nuit maintenant ?

— Je ne peux pas dormir, monsieur. Alors, je m'avance. Et puis, dans la journée, il y a le jardin. Le soir, c'est bien. Ça m'occupe. Regardez, on voit déjà ce que ça donnera, une fois fini et crépi !

Pierre le complimenta mais lui reprocha son acharnement :

— Pourquoi vous presser ainsi ? Nous avons tout le temps ! C'est absurde ! Allez vous reposer !

— Tout à l'heure, monsieur. Je veux terminer ce bout pendant que mon ciment est encore bon.

Pierre le laissa à son idée fixe. Il devinait que ce mur était devenu, pour Miguel, une seconde raison d'exister. Tout homme, dans le naufrage, doit se raccrocher à quelque chose. Et lui, à quoi se raccrochait-il ? A son cabinet dentaire ? Il revint sur ses pas, respirant à pleins poumons l'air de la campagne endormie.

En traversant le vestibule, il glissa un regard par la porte entrouverte sur le salon où tout était figé dans l'absolu du souvenir. Depuis la mort de Maria, il n'y avait même plus un bouquet pour animer ce décor de nécropole.

De retour dans sa chambre, il lut encore quelques pages du livre sans parvenir à fixer son attention. La pensée de Miguel devant son mur ne le quittait pas. Il revint à la fenêtre : la lumière était toujours là.

A minuit et demi, après avoir longtemps hésité, il prit un cachet pour dormir et se coucha enfin. Une vague sombre le recouvrit. Il perdit conscience avec un sentiment de gratitude pour la bienfaisante pharmacopée. Sa pendulette marquait trois heures et quart quand il se réveilla, comme frappé par un appel venu de l'extérieur. Encore alourdi de mauvais sommeil, il se leva et se dirigea vers la croisée. Cette fois, la lampe baladeuse avait disparu. Tout était noir et calme jusqu'au bout du monde. Apaisé, Pierre se remit au lit et ferma les yeux sur la vision d'un rempart de parpaings gris, unis par des bavures de ciment.

Mme Cousinet était la gazette du coin. Chaque matin, pendant que Pierre prenait son petit déjeuner, elle lui rapportait quelque ragot sur le voisinage : les Marcoux avaient acheté un nouveau tracteur, Marcel Plisson était rentré ivre hier au soir et sa femme avait menacé de le quitter, le chien des Palouzy avait hurlé toute la nuit. Veuve, elle habitait seule, à deux pas de *La Buissonnerie*, vivant d'une maigre retraite et de l'argent qu'elle gagnait en faisant des ménages. Mais, depuis que Pierre l'employait à plein temps, elle avait renoncé à travailler ailleurs. Comme d'habitude, elle avait apporté des œufs de sa basse-cour, tout frais pondus. Pierre en dégusta un, à courtes bouchées, avec délectation.

— Et notre canard ? dit-il incidemment, il s'entend bien avec vos autres pensionnaires ?

— Votre canard, les petits ont voulu le garder ! répondit Mme Cousinet. Ils lui ont construit un enclos avec du vieux grillage.

Pierre ne manifesta aucune surprise. Peu lui importait que le canard se trouvât chez Mme Cousinet ou chez le jardinier. Il regretta cependant que Frédéric et Amalia ne lui eussent pas demandé la permission de l'adopter. Il la leur eût volontiers accordée. « Ils ont peur de moi », songea-t-il. Cette pensée le troubla. Comment avait-il pu se désintéresser si longtemps de ces deux enfants qui vivaient tout près de lui ? Etait-ce parce qu'il les savait heureux avec leur mère qu'il ne les voyait pas ? Soudain, il eut l'impression d'avoir perdu une écorce de protection et d'être exposé, pour la première fois, aux intempéries. Il s'était mis en retard pour son travail. Néanmoins, il arrêta sa voiture, en partant, devant la maison de gardien. Les enfants étaient déjà à l'école. Miguel devait s'affairer dans le jardin. A moins qu'il ne fût à son mur. Pierre contourna le pavillon et découvrit derrière, dans son enclos de grillage, le canard qui se pavanait entre une écuelle pleine d'eau et une autre pleine de pain mouillé. Parfaitement à l'aise dans son nouveau domaine, le volatile pencha la tête. Toutes les nuances de vert et de bleu brillèrent sur son col incurvé. Il considéra le visiteur d'un œil effronté et poussa un coin-coin péremptoire. Pierre revint sur ses pas et remonta en voiture.

En arrivant au cabinet, il trouva sa secrétaire en émoi. Il était tellement en retard que trois patients attendaient déjà dans le salon. En outre, Mme Nicole Devège avait téléphoné en suppliant de la « glisser entre deux rendez-vous », parce qu'elle souffrait le martyre. La secrétaire avait cru bien faire en l'invitant à venir ce matin en surnombre. Pierre fronça les sourcils. En entendant prononcer le nom de Nicole, il avait eu un pincement au cœur. Pris au dépourvu, il était incapable de savoir si cette visite inattendue lui faisait plaisir ou le dérangeait. Lorsqu'il ouvrit, pour la quatrième fois, la porte du salon, il vit Nicole, assise parmi d'autres clients et feuilletant un journal illustré. D'une inclination de tête il la pria de le suivre. Elle se leva. Grande, blonde, le regard bleu, le visage large et léonin, elle donnait une extraordinaire impression de santé, d'équilibre et de force. Ses trente-neuf ans avaient l'éclat de l'extrême jeunesse. Elle portait un tailleur couleur sable et une grosse gourmette en or au poignet. Il ne se rappelait pas qu'elle fût si belle. L'ayant installée dans le fauteuil, il fit sortir son assistante et demanda :

— Pourquoi n'as-tu pas téléphoné chez moi ?

— Mais j'ai téléphoné chez toi : ce matin même. Tu étais déjà parti. Alors, j'ai téléphoné ici.

— Tu as mal à une dent ?

— Oui.

— Autrement, tu ne m'aurais pas appelé ?

Elle le nargua :

— Si, mais dans deux ou trois jours.

— Pourquoi ce délai ?

— Je voulais d'abord me débarrasser de quelques obligations.

Il marqua une pause, hésita et reprit sur un ton d'amical reproche :

— Je t'ai envoyé deux lettres à New York.

— Oui, et je ne t'ai pas répondu. Tu sais bien que j'ai horreur d'écrire !

— Etrange pour une rédactrice !

— Tu m'en veux ?

Il haussa les épaules :

— Non.

Il était sincère. Penché sur elle, il examina sa denture et la trouva en bon état.

— Je ne vois qu'une petite carie au collet d'une molaire, dit-il. Tu es contente de ton voyage ?

— Très, sur le plan professionnel. Autrement,

pas du tout. New York a beaucoup changé. Maintenant, je ne pourrais pas y vivre.

Elle rouvrit la bouche. Il lui fit une piqûre pour l'insensibiliser et se mit au travail avec délicatesse. A deux reprises, elle sursauta et il écarta la main.

— Tu me fais mal ! gémit-elle.

— Ne bouge pas.

A nouveau, elle renversa la tête. Vue de près, la peau de son visage, très légèrement maquillée, était d'un grain onctueux. De minuscules rides entouraient ses paupières. Ses yeux, qu'elle écarquillait d'appréhension, avaient une luminosité féline. Quand Pierre eut fini son intervention, elle poussa un soupir de soulagement et dit :

— Tu crois que c'était nécessaire ?

— Indispensable. Ne m'as-tu pas dit, en venant, que tu avais mal ?

— Pas assez pour aller voir un dentiste autre que toi, avoua-t-elle en souriant.

Ce sourire acheva de le déconcerter. Soudain, il se demanda pourquoi il hésitait à reprendre ses relations avec une femme aussi attrayante. Mais n'était-ce pas elle qui, lasse de leur liaison, s'était éloignée ?

— Tu as un bien joli tailleur, dit-il.

— Je l'ai acheté à New York. Et toi, où en es-tu ? Jacqueline Moulin m'a dit que tu devenais de plus en plus sauvage. Il paraît que tu ne vois plus personne. L'ermite de Milly-la-Forêt !

Elle s'était levée. Il la regardait, debout, éclatante de couleurs, à côté de cet équipement dentaire aux aciers agressifs. Seringue, bistouri électronique, appareil à ultrasons, turbine, crachoir et tablettes de verre chargées de mille instruments, quel décor pour une explication amoureuse ! L'assistante rentra, ressortit. Pierre et Nicole continuaient à se dévisager en silence, et une même envie de rire montait dans leurs yeux qui ne cillaient pas.

— Es-tu libre ce soir, pour le dîner ? demanda-t-il enfin.

— Oui.

— Je passe te prendre chez toi vers huit heures.

Tout au long du jour, il pensa, par intermittence, à ce prochain rendez-vous, tantôt pour en espérer une grande joie, tantôt pour regretter d'en avoir eu l'idée. Avant de partir, il téléphona à Mme Cousinet de ne pas l'attendre.

A huit heures, ce fut Nicole elle-même qui lui ouvrit la porte. Fraîchement maquillée, elle était à la fois amicale et désirable. Il l'emmena au restaurant. Leurs voisins de table les regardaient à la dérobée. Même les femmes, visiblement, admiraient Nicole. Pierre en conçut un plaisir vaniteux. Elle lui parlait très simplement, très librement, en camarade, avec un rien de sensualité dans le sourire. Il appréciait l'aisance de leurs retrouvailles. Tout à coup, elle cessait d'être la remplaçante de Suzanne pour s'affirmer comme un être à part, qui méritait l'attention. Dès le dessert, il comprit qu'il passerait la nuit chez elle.

Le lendemain matin, il partit de chez Nicole pour se rendre directement à son cabinet dentaire. Sa journée fut un tourbillon, entre la succession de patients et les discussions avec le prothésiste qui voulait le quitter pour s'établir à son compte. A sept heures du soir, exténué, excédé, il prit la route pour retourner à Milly. Il était impatient de se retremper dans son bain de verdure et de silence. Pourtant, cette nuit, auprès de Nicole, il avait retrouvé tout naturellement leur complicité de naguère dans la recherche du plaisir. Une sorte d'amitié voluptueuse les unissait, sans empiétement de l'un sur l'existence de l'autre. On se rencontrait pour s'aimer, on se séparait pour vivre. La simplicité de ce contrat satisfaisait Pierre qui, ainsi, n'avait aucun remords. Cependant, il se demandait d'où lui venait ce malaise qui l'attaquait par intervalles, tandis que son auto avalait la route. En approchant de Milly, il lui sembla que quelqu'un l'attendait là-bas.

Le portail était ouvert. En passant devant la maison de gardien, il vit Frédéric et Amalia assis sur une marche. Ils tenaient un chien contre leurs jambes. Un bâtard au poil ras, couleur de marron d'Inde, avec un plastron blanc et des guêtres blanches. Ses pattes étaient grêles, son museau effilé et son œil craintif. Pierre arrêta la voiture, descendit et demanda :

— Qu'est-ce que c'est que ce chien ?

— C'est une chienne, monsieur, dit Amalia. Elle n'a pas de collier. Elle est perdue. Ou alors elle a été abandonnée. Ça fait trois jours qu'elle court partout dans Milly. Elle doit venir de loin : elle a les pattes en sang !

— N'est-ce pas qu'elle est jolie, monsieur ? dit Frédéric.

Comme si elle eût deviné qu'on parlait d'elle, la chienne se rapprocha encore des enfants protecteurs. Sa gueule ouverte haletait faiblement. Elle implorait la clémence du nouveau venu.

— Vous n'allez tout de même pas la garder ! dit Pierre.

— Oh ! s'il vous plaît, monsieur ! gémit Frédéric.

— Qu'en dit ton père ?

— Si vous êtes d'accord, il dira oui.

— Où est-il ?

— Il travaille au mur.

— Quand avez-vous recueilli cette bête ?

— Hier soir, dit Amalia. Elle avait faim. Elle a dévoré une pleine assiette de soupe.

— Nous l'avons appelée Friquette, reprit Frédéric. Elle connaît déjà son nom.

Il cria :

— Friquette ! Friquette !

La chienne tourna la tête et lui lécha la main d'un preste coup de langue. Il rit. Quand il riait, son nez se fronçait, ses yeux devenaient deux boutonnières noires. Il avait les sourcils épais et fortement arqués de Maria.

— Après le canard, le chien ! dit Pierre. C'est un peu trop ! Vous allez transformer la maison en ménagerie !

— On avait bien un chien avant, monsieur !

Ce simple mot « avant », dans la bouche du garçon, désarma Pierre. Toute sa vie se divisait en deux périodes : avant, après. En effet, du vivant de Suzanne, il y avait un chien dans la propriété. Un superbe boxer fauve, les muscles saillants, le mufle noir et court, affectueux et brutal à la fois. On l'appelait Koubilaï. Il était mort d'une crise d'urémie, un an avant sa maîtresse. Le chagrin de Suzanne, déjà alitée, avait été profond. Elle songeait même, dans les derniers temps, à remplacer le boxer par une bête plus petite et plus douce. Pierre s'approcha des enfants. La chienne, terrorisée, s'assit sur son derrière, leva les yeux sur l'homme dont dépendait son sort et, inclinant la tête sur le côté, lui tendit une patte tremblante. Ses mouvements étaient d'une telle délicatesse que Pierre, amusé, prit la patte et la serra légèrement. Frédéric et Amalia l'observèrent avec espoir. Sous ces regards naïfs, il se sentit sans défense. Tout en se reprochant sa faiblesse, il découvrait le subtil plaisir de céder à des enfants.

— Elle est toute jeune, votre Friquette, grommela-t-il.

Et, d'un geste distrait, il caressa la chienne, qui, manifestement, était un croisement de levrette et de fox-terrier.

Adoptée, Friquette faisait des grâces, donnant une patte, puis l'autre, courbant le col, plissant les yeux de contentement.

— Alors, on peut, monsieur... ? demanda Frédéric, le visage illuminé.

— Oui, dit Pierre. Mais c'est vous qui vous occuperez d'elle. Je ne veux pas la voir dans la maison.

Il remonta en voiture, laissant derrière lui un sillage de gratitude.

Mme Cousinet était déjà repartie. Le repas froid attendait dans la cuisine. Après le dîner et la lecture des journaux, Pierre grimpa dans sa chambre. Au moment de se coucher, il s'approcha de la fenêtre. La lumière brillait, fidèle, au fond du jardin. Miguel travaillait à son mur. Cette présence laborieuse, là-bas, dans la nuit, procurait une étrange impression de bien-être et de sécurité. Debout, face à l'espace sombre et murmurant, Pierre ne pouvait se résoudre à gagner son lit. Mais il se mit à pleuvoir. Des gouttes serrées tambourinaient sur le feuillage. L'odeur de la terre mouillée entra dans la chambre. Miguel n'allait pas pouvoir continuer. En effet, bientôt la lumière s'éteignit. Le jardinier avait dû retourner dans sa maison. Les enfants étaient déjà couchés. Et la chienne, où dormait-elle ? Avec eux, sans doute, sur un tas de chiffons. Pierre imagina le tableau et envia les humbles joies qu'il avait si facilement dispensées.

Il laissa la fenêtre ouverte pour la nuit. Bercé par le chuchotement de la pluie, il avait l'illusion que les murs s'étaient envolés et qu'il reposait sous un arbre, au centre du jardin. Sur le point de fermer les yeux, il s'aperçut que, depuis son retour à *La Buissonnerie*, il n'avait pas pensé une seule fois à Nicole.

# 7

En trois mouvements, Pierre atteignit le ballon et, se maintenant à la surface de l'eau, le renvoya vigoureusement à Frédéric, dans le petit bain. Surpris par la violence du choc, le frère et la sœur se disputèrent en s'aspergeant autour de la sphère flottante. Frédéric eut le dessus et, tout essoufflé, relança le ballon à deux bras. Malgré son effort, le ballon ne franchit que la moitié de la piscine. Les enfants et Pierre se précipitèrent à la nage pour le saisir, chacun de son côté. Mais, afin de favoriser l'adversaire, Pierre feignit la maladresse et ce fut Amalia qui gagna. La fierté sérieuse de la fillette contrastait avec les rires fous du garçon. Il sautait sur place, les cheveux trempés, la bouche hilare. Miguel passa dans l'allée, poussant une brouette chargée de terreau. Selon son habitude, il considérait d'un œil noir les ébats de sa progéniture. Comme on était dimanche, Pierre avait tout son temps. Ce qui l'amusait dans ce jeu, c'était le plaisir qu'y prenaient les deux autres. Il fit semblant de vouloir arracher le ballon à Amalia. Elle se défendit farouchement et échappa, petite anguille brune, à son étreinte. Friquette, excitée par cette agitation, courait autour de la piscine, bondissait pour éviter les éclaboussures, happait quelques gouttes au vol, retournait vers le bord comme prête à plonger, reculait au dernier moment, frétillait de la queue, jappait, à la fois joyeuse et épouvantée. Frédéric l'empoigna par les deux pattes de devant et l'attira dans l'eau. Le museau allongé, elle nagea rapidement vers l'escalier de sortie. Ayant retrouvé la terre ferme, elle se secoua, s'ébroua en éternuant. Puis elle revint à la charge, tout heureuse d'avoir eu peur. Ses aboiements répondaient aux exclamations des enfants. Pierre songea que, quelques semaines auparavant, une telle scène eût été, pour lui, inconcevable. Un chien dans sa piscine ! Il rit de son indulgence, appela Friquette et lui caressa le front de sa main mouillée. Elle retroussa les babines dans une sorte de rictus comique. Comme il était près d'une heure, il décida que la baignade avait assez duré, sortit de l'eau et passa sous la douche, dans le vestiaire. Frédéric et Amalia le rejoignirent et il les obligea, eux aussi, à se rincer. Pendant qu'il se rhabillait, Frédéric émergea, tout ruisselant, de la cabine et ramassa la serviette pour s'essuyer à son tour.

— Prends-en une propre, dit Pierre.

— Non, non, celle-ci est très bien, monsieur ! affirma Frédéric.

Peu après, sa sœur s'attardant sous la pomme de douche, il lui cria :

— Grouille-toi ! Il faut qu'on déjeune vite si on veut voir le match de foot à la télé !

Et, tourné vers Pierre, il demanda :

— Vous allez le voir, vous aussi, monsieur ?

— Sans doute, dit Pierre.

— On ne pourrait pas le regarder avec vous ?

D'abord décontenancé, Pierre pensa que Miguel avait un tout petit poste en noir et blanc, alors que lui-même possédait un poste en couleurs à grand écran.

— Mais oui ! Venez à la maison, tous les deux, dit-il.

Frédéric remercia avec effusion. Pour tempérer son enthousiasme, Pierre l'interrogea sur ses études. Le garçon reconnut que, de ce côté, tout allait mal.

— Tu m'apporteras tes cahiers, tout à l'heure, lui dit Pierre.

— Je peux aussi vous apporter les miens, monsieur ? demanda Amalia.

Bonne élève, elle savourait d'avance les compliments que lui vaudrait son application.

— D'accord, dit Pierre.

Il déjeuna légèrement, seul, à la cuisine. Quelle que fût sa hâte, les enfants arrivèrent avant qu'il eût fini. Ils avaient dû avaler leur repas à la sauvette. La chienne entra sur leurs talons. Timide, tolérée, les oreilles fautives, la queue basse et la patte aérienne, elle marchait avec la délicatesse d'une ombre. Pierre prit les cahiers que lui tendait Frédéric et les feuilleta avec consternation. L'écriture même était défectueuse. Toutes les deux lignes, dans la marge, des points d'exclamation à l'encre rouge.

— Ce n'est pas brillant, dit Pierre.

Vous savez ce que dit Mlle Germaine, monsieur ? siffla Amalia.

— Qui est Mlle Germaine ? demanda Pierre.

— La maîtresse. Elle dit que Frédéric est paresseux !

— Non, je ne suis pas paresseux ! s'écria Frédéric. J'essaie. Mais je ne comprends pas.

— Quand commencent les grandes vacances ? interrogea Pierre.

— Dans huit jours, monsieur, répondit Amalia.

— Eh bien, Frédéric, il faudra peut-être que tu prennes des leçons, cet été ! dit Pierre.

— Des leçons de quoi ? demanda Frédéric.

— De tout, dit Amalia d'un ton acide.

Frédéric haussa les épaules et donna un coup de coude à sa sœur :

— On ne t'a rien demandé, à toi !

Pierre eut pitié de lui.

— Si tu le veux vraiment, tu rattraperas ton retard, dit-il encore par acquit de conscience.

Et il jeta un regard sur les cahiers d'Amalia. Là, tout était propre, calligraphié, avec des phrases soulignées à la règle et des appréciations flatteuses en tête de chaque exercice. Debout devant Pierre, la fillette guettait sa réaction avec anxiété. Il la félicita et elle s'épanouit, le rose aux joues, mais sans se départir de son air sérieux, presque sévère. Alors que son frère donnait souvent l'impression d'être un pêcheur de lunes, elle, dans les plus grands moments de joie, paraissait encore préoccupée par des problèmes scolaires ou domestiques.

— Ça va être bientôt l'heure de l'émission, monsieur, chuchota Frédéric.

— C'est vrai, j'allais oublier ! s'exclama Pierre en se levant de table avec un empressement simulé.

Les enfants le suivirent dans le bureau. Tous trois s'installèrent en brochette devant le poste de télévision. Pierre dans un fauteuil, Frédéric et Amalia assis par terre. Friquette s'aplatit près du garçon, le museau sur les pattes, cherchant à faire oublier sa présence. Sur l'écran, la partie avait déjà commencé, rapide et violente. Amalia ne disait mot, ennuyée, semblait-il, par ce remue-ménage autour d'un ballon. Mais Frédéric suivait le match avec passion, encourageait de la voix les uns et les autres et, aux moments les plus pathétiques, bondissait et retombait sur son derrière. La montée spectaculaire d'un ailier dans le camp adverse, avec tir sur la barre transversale du but, lui arracha un rugissement de dépit. Son équipe favorite était dominée. Il criait des conseils en supporter consommé :

— Vas-y !... Dribble ! Dribble !... Oh ! mais non ! Il va perdre le ballon ! Qu'est-ce qu'il attend pour shooter ?

Pris lui-même par la fièvre du match, Pierre lui donnait la réplique :

— Ils devraient alterner le jeu court et le jeu long... Cette fois, l'attaque est bien menée... Non, la balle est sortie en corner... Bien joué !

— Oh ! oui, bien joué ! répétait Frédéric.

Son visage bistre était comme éclairé par la flamme noire des yeux et l'éclat carnassier des dents. Tournant légèrement la tête, Pierre se détacha de l'écran pour mieux observer ses jeunes voisins. C'était sur les traits des enfants qu'il suivait à présent les phases de la partie. Au bout d'un moment, il constata que l'exaltation de Frédéric s'épuisait. Le garçon ne parlait presque plus, se bornant à écouter le commentateur de la télévision. Il fléchissait les épaules, penchait la tête. « Il s'est fatigué dans la piscine », pensa Pierre. Et, sans attendre la fin du match, il monta dans sa salle de bains pour se changer. Il avait rendez-vous avec Nicole. Une fois de plus, en choisissant sa chemise, il déplora qu'elle fût moins bien repassée que du temps de Maria. Le pli du col n'était pas net, le tissu des manchettes grignait. Mme Cousinet n'avait pas, comme Maria, le respect du linge masculin. Inspectant sa garde-robe, Pierre opta pour un costume en alpaga bleu nuit. Une cravate à dessins bleus et gris compléterait harmonieusement l'ensemble. Lorsqu'il revint dans le bureau, le frère et la sœur étaient toujours assis devant l'écran, muets, fascinés. Ils avaient changé de chaîne et assistaient au combat d'un groupe de terriens affolés contre des envahisseurs venus d'une autre planète. Indifférente à ce cataclysme, Friquette reposait, écrasée de bonheur, contre les genoux de Frédéric. Pierre n'eut pas le courage de renvoyer les enfants.

— Je dois m'en aller, dit-il. Mais vous pouvez rester là. Quand ce sera fini, vous éteindrez le poste et vous retournerez chez votre père en fermant bien les portes derrière vous.

— Oui, monsieur, dit Amalia. Merci, monsieur. Je m'occuperai de tout.

Pierre caressa d'un doigt la joue d'Amalia et passa la main dans les cheveux de Frédéric avec une tendresse brusque. Le garçon leva sur lui un regard de gratitude. Pierre sortit du bureau, laissant derrière lui sa maison habitée.

Ce n'était pas la première fois qu'il passait la nuit chez Nicole et pourtant, en s'éveillant peu avant l'aube, il se sentit soudain dépaysé dans cette chambre étrangère de couleur jaune dont il devinait les contours dans la pénombre. La tiédeur d'un corps féminin, assoupi à côté du sien, le surprit. Un instant, son passé amoureux lui emplit la tête. Il se noya dans la notion du temps révolu. Sans savoir au juste où il en était, il se pencha sur sa compagne et fut aussitôt renseigné. Elle n'avait ni le parfum, ni la respiration, ni le rayonnement charnel de Suzanne. Et cependant, il avait envie d'elle. Nicole ouvrit les yeux, s'étira, se rapprocha de lui. Ils firent l'amour sans échanger un mot, avec méthode. Après, elle se rendormit. Lui pas. Il écoutait les bruits matinaux de la rue. La campagne lui manquait. Quand Nicole s'éveilla à son tour, il était si tard qu'elle se précipita pour préparer le petit déjeuner. La femme de ménage ne venait qu'à dix heures. Ils burent leur thé face à face, unis par le souvenir des plaisirs de la nuit.

— Tu rentres à *La Buissonnerie*, ce soir ? demanda-t-elle.

Il hésita une seconde et dit en riant :

— A moins que tu ne m'offres l'hospitalité pour une nuit encore !

Sans dire un mot, Nicole inclina la tête en signe d'acquiescement. Pierre lui prit la main par-dessus la table et déposa un baiser sur ses doigts longs et robustes, aux ongles en amande. Il lui savait gré de sa simplicité. Elle était la femme de demain, équilibrée, disponible et forte. Ils décidèrent de dîner ensemble au restaurant et de retourner pour la nuit dans la chambre jaune paille.

Au cabinet dentaire, Pierre accueillit le nouveau prothésiste qui lui avait été recommandé par un confrère. Un garçon jeune, très qualifié en prothèse fixe et attachements. C'était le quatrième qu'il voyait. Celui-ci avait de bonnes références. Il l'engagea. Peu après, il prit une autre résolution importante : les Harteville l'avaient invité, avec Nicole, à passer le mois d'août dans leur propriété du Pyla. Nicole avait accepté d'enthousiasme. Ainsi, pour tous les amis, leur couple était reconstitué, consacré. Pierre en concevait un tranquille bien-être. Il téléphona à Gisèle Harteville pour lui indiquer la date probable de leur arrivée. Plus il y pensait, plus il se réjouissait à la perspective de ces journées de détente, auprès de Nicole, dans une atmosphère de cordialité et de raffinement. Il avait besoin de repos. Les baignades dans les vagues violentes, les longues marches dans les dunes, souffleté par les embruns, la dégustation d'huîtres toutes fraîches, arrosées d'un joyeux entre-deux-mers... Nicole vint le chercher au cabinet à sept heures du soir. Elle portait ce tailleur sable qu'il aimait. Il avait retenu une table dans un restaurant du bois de Boulogne.

En franchissant le portail de *La Buissonnerie*, Pierre fut accueilli par les jappements joyeux de Friquette. Il y avait deux jours qu'elle ne l'avait vu. C'était trop ! Elle courut en gambadant, à côté de la voiture, jusqu'au garage. Quand il mit pied à terre, elle manifesta son allégresse en faisant de grands cercles autour de lui, les pattes fauchées par la vitesse, le corps plié et déplié dans une souple détente de lévrier en course. Au passage, elle bousculait le canard, baptisé Balthasar, qui, depuis belle lurette, ne vivait plus dans son enclos mais avait étendu son domaine à tout le jardin. Après chaque coup de museau, Balthasar poussait un cri bref et guttural, faisait mine de s'envoler, retombait, maladroit, dans l'herbe et poursuivait son chemin avec un dandinement comique du croupion. Visiblement, il n'avait pas peur. Ce jeu paraissait même l'amuser beaucoup. A la longue cependant, pourchassé par Friquette, il voleta lourdement jusqu'à la piscine et se posa sur l'eau. Friquette, ébahie, se planta sur le bord dans une attitude d'affût et aboya. Pierre éclata de rire en voyant Balthasar évoluer, royal, le cou droit, le bec tendu, dans le bassin d'azur réservé aux humains.

— Alors, Friquette, tu ne vas pas le chercher ? dit-il.

Friquette revint vers lui avec empressement. A présent, ayant accompli sa ronde rituelle, elle l'invitait, par de petits bonds de côté, à la suivre jusqu'à la maison de gardien. Le gravier de l'allée centrale craquait agréablement sous les pas de Pierre. Il regardait, à droite, à gauche, au milieu des pelouses, les touffes de roses polyanthas, dont Suzanne avait jadis décidé l'emplacement avec Miguel. De temps à autre, la chienne s'arrêtait et frétillait de la queue pour l'inciter à marcher plus vite. Tout cela faisait partie d'un cérémonial dont il appréciait la répétition.

Il trouva Miguel dans sa cuisine. La lime à la main, il essayait de remettre en état une vieille serrure.

— Je l'ai dénichée dans le grenier, dit-il. Si j'arrive à l'arranger, je la poserai sur le portail, à la place de celle qui y est maintenant et qui se bloque une fois sur deux.

— Il vaudrait mieux appeler un serrurier, dit Pierre.

— Non, non, monsieur. Laissez-moi faire. Vous verrez.

La cuisine sentait la soupe aux poireaux. Sur la tablette de la cheminée rustique, trônait la photographie de Maria et de Miguel. Elle en robe blanche de mariée, lui en costume noir, raide comme du carton, le col empesé, la cravate bulbeuse, une fleur d'oranger à la boutonnière. Ils regardaient droit devant eux, sans sourire, comme s'ils avaient su déjà que leur bonheur serait de courte durée.

— Où sont les enfants ? demanda Pierre.

— Amalia est allée chercher du pain. Et Frédéric est au lit. Il a rendu tout le pâté que nous avons mangé à midi.

Pierre se dirigea vers la chambre des enfants. Recroquevillé sous ses couvertures, Frédéric grelottait, haletait. Il avait le front brûlant, le pouls rapide. Miguel, qui avait suivi Pierre sans lâcher sa serrure, dit encore :

— Amalia lui a donné de la tisane. Comme la dernière fois qu'il a eu des ennuis au ventre.

Pierre ne fit aucun commentaire. La rusticité de son jardinier le confondait. Cet homme-là était en retard d'un siècle.

— Avez-vous un thermomètre ? demanda-t-il.

— Oui, dit Miguel. Mais je ne sais pas où Amalia l'a mis !

— J'ai mal ! J'ai mal ! gémit Frédéric en fronçant les sourcils.

— Où as-tu mal ? questionna Pierre.

— A la tête.

Pierre lui prit la tête entre les mains et essaya de

la bouger, doucement, ce qui le fit hurler de douleur :

— Aïe ! Je ne peux pas !

— Puisqu'il a rendu, c'est bien du ventre que ça vient, dit Miguel.

— Où est Mme Cousinet ?

— Elle n'est pas venue aujourd'hui. Elle est à Nemours, chez sa fille.

Pierre inspecta du regard la chambre avec ses deux lits jumeaux, ses jouets (ceux d'Amalia dans un coin, ceux de Frédéric dans l'autre), ses cahiers sur la table et, au mur, une affiche en couleurs de corrida portugaise. Il reprit le pouls de l'enfant. Cent vingt, pensa-t-il. A présent, la face convulsée et luisante de sueur, Frédéric marmonnait d'une voix entrecoupée :

— Maman... Où est maman ?... Je veux voir ma maman... Il y a des vagues dans la piscine... Et des requins... Plein de requins !...

— Qu'est-ce qu'il raconte ? murmura Miguel.

— Il délire, dit Pierre. Il a au moins 40°.

Entre-temps, Amalia, revenue de ses courses, était entrée dans la chambre et, debout devant le lit, considérait son frère avec curiosité. Friande d'imprévu, elle était au spectacle. Pierre lui demanda le thermomètre. Elle le lui apporta aussitôt. Frédéric pleura en prenant sa température. Il avait 40° 2. La crainte de Pierre monta en flèche. Pourtant, il ne voulait pas s'affoler. Les enfants sont fréquemment sujets à de tels accès de fièvre.

— Il faut appeler le Dr Larivière, dit-il.

Et il retourna dans la cuisine pour téléphoner au médecin. Celui-ci était déjà parti pour des visites en ville. Alors Pierre appela le Dr Patenôtre, un jeune praticien, nouveau venu à Milly. Quand il l'eut au bout du fil, il lui décrivit en peu de mots les symptômes qu'il avait constatés.

Dix minutes plus tard, le Dr Patenôtre, petit, pointu et blond, était au chevet de l'enfant. Il l'examina avec beaucoup d'attention et de délicatesse. Frédéric avait la nausée, se plaignait toujours de sa tête, frissonnait, claquait des dents, divaguait avec douceur et, la nuque raidie, ne pouvait appuyer son menton sur sa poitrine. Aucun de ces détails n'échappait à Pierre. Il suivait avec angoisse les gestes du praticien. En présence de l'enfant, le Dr Patenôtre souriait, plaisantait :

— On va vite te guérir, mon garçon !

Mais, quand il se retrouva avec Pierre et Miguel dans la cuisine, son visage prit une expression alarmée.

— Alors ? demanda Pierre.

— Je crois bien que nous avons affaire à une méningite, dit le médecin. Elles sont pourtant rares à notre époque...

Pierre s'attendait au diagnostic, mais, de l'entendre énoncer ainsi posément, à deux pas du malade, le bouleversa.

— Vous pensez vraiment... ? balbutia-t-il.

— On ne peut rien affirmer avant d'avoir pratiqué une ponction lombaire, répondit le Dr Patenôtre. Mais les signes méningés sont très nets. Il faut immédiatement transporter cet enfant à l'hôpital.

Etourdi par le choc, Pierre regarda Miguel. Le jardinier, bouche ouverte, n'avait pas l'air de comprendre. Derrière lui, Amalia, effrayée, se rongeait l'ongle du pouce.

— Je connais personnellement le Pr Mauclair, à l'hôpital des Enfants-Malades, à Paris, dit Pierre. Il s'arrangera sûrement pour prendre le petit dans son service.

— Nous ne pouvons courir le risque de le transporter jusqu'à Paris, dit le Dr Patenôtre. On n'a que trop attendu. Maintenant, chaque minute compte. Croyez-moi, il sera très bien soigné à Corbeil. Je vais appeler une ambulance.

Les événements s'enchaînèrent à une telle vitesse que Pierre, malgré sa volonté de rester lucide, croyait vivre le dévidage incohérent d'un rêve. Deux hommes en blouse blanche se présentaient à la porte. Frédéric partait, léger comme une plume, sur une civière. Le médecin, Pierre, Miguel l'accompagnaient, tandis qu'Amalia restait, en larmes, à la maison. Pierre faisait monter Miguel à côté de lui dans sa voiture et suivait l'ambulance. Les deux notes tragiques de l'avertisseur lui ouvraient le chemin. Le tournoiement du signal lumineux fouettait ses yeux à intervalles réguliers.

En arrivant, de nuit, dans la cour de l'hôpital, il eut l'impression d'être reporté de quelques mois en arrière. Maria venait de mourir. Il allait s'incliner devant son corps, à la morgue. En observant Miguel du coin de l'œil, il devina qu'ils avaient eu tous deux la même pensée en même temps.

Déjà le Dr Patenôtre, venu dans sa voiture personnelle, s'entretenait avec l'interne de garde. Des infirmières s'affairaient. Le malade était immédiatement isolé dans une chambre. Excipant de son appartenance au corps médical, Pierre était admis au chevet de Frédéric, tandis que Miguel se morfondait dans le couloir. Il assista à la ponction lombaire.

Frédéric, prostré, réagit à peine à la pénétration de l'aiguille. Mais la contraction misérable de ce visage d'enfant, le faible râle qui s'échappait de sa bouche étaient, pour Pierre, intolérables. Habitué par son métier au spectacle de la douleur, il ne pouvait supporter la vue de celle-ci. Sans doute s'attaquait-elle à une chair trop tendre, à une âme trop fraîche ? Il y avait là une injustice de Dieu. Il demanda à l'interne de garde de prévenir son chef de service, le Dr Vigogne, lequel arriva peu après et approuva toutes les initiatives prises en son absence. Le traitement antibiotique s'imposait. Placé sous perfusion, avant même que ne fût connu le résultat de l'analyse en laboratoire du liquide céphalo-rachidien, Frédéric, curieusement, paraissait plus calme. Pierre interrogea les médecins sur les principales complications à redouter. Ils parlèrent de septicémie à méningocoques, de séquelles sensorielles, telles que la surdité ou une atrophie optique tardive. Cependant, ils avaient bon espoir. Le malade avait été pris à temps. L'action énergique des antibiotiques devait normalement stopper l'infection. Pierre regardait l'enfant gisant devant lui, avec son cathéter planté dans le bras, sous un gros pansement, et, au-dessus de sa tête, le flacon d'où descendait, par une tubulure, le liquide sauveur. Un petit cadavre sous un appareillage monstrueux. Tout était en ordre. Il n'y avait plus qu'à attendre. Ce n'était pas la première fois que Pierre éprouvait ce sentiment d'impuissance tragique devant la maladie. Pour sa femme déjà... Frédéric était le préféré de Suzanne. Elle l'avait vu naître. Que n'était-elle auprès de lui, ce soir, devant le scandale de cette souffrance d'enfant ! Et si Frédéric mourait ? Après

Suzanne, après Maria... Il subit le heurt glacé de cette idée et la repoussa de toutes ses forces. Le Dr Vigogne donnait ses dernières instructions à l'infirmière de nuit. Pierre remercia les médecins, quitta la pièce et rassura tant bien que mal Miguel qui attendait dans son coin, avec la patience résignée des simples.

Dès son retour à *La Buissonnerie*, il consulta quelques livres médicaux. Ils confirmèrent les indications des Drs Patenôtre et Vigogne. On saurait demain s'il s'agissait réellement d'une méningite cérébro-spinale à méningocoques. Incapable de dormir, Pierre se planta, selon son habitude, devant la fenêtre ouverte, face au jardin, attendant de la nuit, du silence, des feuillages un secours que la raison lui refusait. Subitement, il décida que cette campagne qu'il aimait tant perdrait toute valeur à ses yeux si Frédéric venait à disparaître. Ce sentiment de dépendance à l'égard d'un enfant était si nouveau pour lui qu'il eut l'impression fugace de ne plus coïncider avec son personnage. Dédoublé, désorienté, il cherchait en vain à reprendre la maîtrise des événements. Depuis la mort de Suzanne, se préférer à tout et à tous avait été pour lui une règle de vie nécessaire et commode. Or, voici que la seule pensée de Frédéric malade mettait cette heureuse philosophie en déroute. Il perdait le goût de lui-même. Sa crainte de l'avenir lui ôtait jusqu'à la notion du présent.

Longtemps, il tourna en rond, harcelé par l'inquiétude, rongé par l'impatience. Soudain, en repassant devant la fenêtre, il aperçut la lampe baladeuse qui venait de s'allumer, à gauche, au fond du jardin. Miguel avait repris son travail sur le mur. Comme si de rien n'était. Sans doute n'avait-il pas une claire notion du danger que courait son fils. Le cerveau engourdi, il était incapable de prévoir, d'imaginer. Pierre était seul dans la maison, dans le monde, à se soucier de l'enfant malade. Il lui semblait confusément que, tant qu'il veillerait, les yeux ouverts, Frédéric ne risquerait rien. Quand enfin, recru de fatigue, il se coucha et sombra dans le sommeil, ce fut avec l'impression coupable d'une sentinelle qui s'endort à son poste.

Le lendemain, à son réveil, il s'habilla en un tournemain, dédaigna le petit déjeuner et, prenant Miguel au passage, se rendit droit à l'hôpital.

Comme la veille, Miguel ne put approcher son fils. Pierre le fit asseoir, muet, buté, dans une petite salle d'attente, revêtit une blouse blanche et entra dans la chambre du malade. Une poche de glace sur le front, la sonde piquée dans le bras, les yeux clos, Frédéric soufflait par à-coups, avec une grimace douloureuse qui lui tirait les lèvres vers le bas. Il ouvrit les yeux, aperçut Pierre penché sur son lit, parut le reconnaître, sourit faiblement, murmura « maman » et ferma les paupières pour retomber dans le monde nauséeux de la souffrance. Selon l'infirmière, la fièvre avait légèrement fléchi, le pouls et la respiration étaient moins rapides, les maux de tête s'apaisaient. Arrivant sur ces entrefaites, le D^r^ Vigogne annonça que, d'après l'analyse du liquide céphalo-rachidien, il s'agissait bien d'une méningite cérébro-spinale. Quant aux suites, il déclara ne pouvoir se prononcer avant vingt-quatre heures, durant lesquelles l'enfant resterait sous perfusion. La maladie étant très contagieuse, il fallait procéder à des prélèvements sur toutes les personnes de son entourage, leur prescrire un traitement de comprimés de sulfamides et prévenir l'école du risque d'épidémie. Après la visite, Miguel, mis au courant de la situation, parut consterné par tout le remue-ménage dont son fils était responsable. En quittant l'hôpital, il tira un mouchoir de sa poche, se moucha violemment, une narine après l'autre, s'essuya les yeux et marmonna :

— Mais comment a-t-il fait pour attraper ça ?

Pierre eut beau lui expliquer que la maladie se transmettait directement, par contact avec un contaminé, Miguel balançait sa lourde tête d'un air mécontent et baragouinait :

— Quand même, il aurait pu faire attention ! Tout ce tintouin, monsieur ! Si Maria avait été là, ça ne serait pas arrivé !

— Mais si, Miguel, exactement de la même façon, dit Pierre.

Il ramena Miguel à la maison, fit son compte rendu à Mme Cousinet qui se lamentait d'avoir été absente la veille, consola Amalia en lui assurant que son frère allait déjà mieux, lui recommanda de suivre les prescriptions du docteur, l'envoya chercher des médicaments pour tout le monde et repartit à destination de Paris, sans avoir pu apaiser sa propre inquiétude.

Au cabinet dentaire, la succession des patients et la diversité des interventions sur toutes ces bouches béantes ne lui firent pas oublier un seul instant son principal souci. Par trois fois dans la journée, il téléphona à l'hôpital. Etat stationnaire. Bien qu'indifférent aux mystères de la religion, il appelait de ses vœux un miracle. Il enviait les croyants qui trouvent dans le recours à Dieu la force d'espérer et, en cas d'échec, la sagesse d'accepter. Les minutes se traînaient, de mâchoire en mâchoire. A cinq heures, Nicole téléphona à Pierre de son bureau pour lui proposer de passer la soirée ensemble : elle avait pu se libérer d'un dîner ennuyeux. Il refusa, alléguant de vagues obligations : elle n'aurait pas compris qu'il renonçât à la voir parce que le fils de son jardinier était malade. Dès six heures et quart, confiant ses deux derniers patients à son collaborateur, il prit la route.

Il était si pressé qu'à deux reprises il faillit accrocher une voiture en la doublant sur la gauche. La seconde fois, la sensation d'avoir échappé de justesse à un accident le dégrisa d'un coup. « Je n'ai pas le droit, pensa-t-il soudain. Ils ont trop besoin de moi. Que feraient-ils si je disparaissais ? » Cette idée étrange l'accompagna jusqu'à la cour de l'hôpital. Dans le hall, il rencontra le D$^{r}$ Vigogne qui sortait. Grand et ventripotent, avec une petite barbe en pointe, le médecin avait, ce soir, un air rassurant.

— Je crois que nous tenons le bon bout, dit-il.

Pierre respira profondément pour contenir en lui la montée d'une joie tumultueuse. La gratitude le soulevait sur place. Mais ce n'était pas le D$^{r}$ Vigogne qu'il avait envie de remercier. Qui alors ?

Les jours suivants, le mieux se précisa. Chaque soir, en revenant de Paris, Pierre passait à l'hôpital. Il prenait un plaisir délicat à échanger quelques mots avec Frédéric, qui, de visite en visite, lui paraissait moins diaphane, plus vaillant, plus gai. En quittant l'enfant, il se répétait : « Sauvé ! Sauvé ! » avec un émerveillement naïf. Quelqu'un d'inaccessible, d'indéfinissable lui restituait ses raisons de vivre. Il lui semblait même que cette épreuve l'avait enrichi. Etait-ce là ce que certains appelaient l'instinct paternel ?

— Je ne te comprends pas, Pierre, dit Nicole. Du moment qu'il est tiré d'affaire, rien ne t'empêche d'aller au Pyla au mois d'août !

Elle se prélassait encore au lit, alors qu'il se rhabillait dans la salle de bains dont la porte était restée ouverte. Il la voyait en reflet dans la glace du lavabo, dressée sur un coude, les seins nus, les cheveux en désordre, avec, sur le visage, cette expression de paisible contentement animal qu'elle avait toujours après l'amour. Même à présent que son désir était assouvi, il la trouvait belle dans sa vérité de femme drue et comblée. Mais il savait aussi que, malgré l'attachement qu'il éprouvait pour elle, il ne lui céderait pas dans la discussion.

— Non, dit-il. Je dois rester cet été à *La Buissonnerie*. La convalescence de Frédéric risque d'être très délicate. Le Dr Vigogne me l'a répété hier.

— Il ne sera pas seul ! Il aura son père...

— Tu penses comme on peut compter sur Miguel pour soigner un enfant malade ! Il est de plus en plus lourd, buté, taciturne...

— Et cette brave femme de ménage qui remplace Maria ?

— Mme Cousinet ? A elle non plus je ne fais pas

confiance. Et puis, elle rentre chez elle tous les soirs et ne revient que le matin.

— Alors, envoie-le dans un home d'enfants, à la montagne. Cela lui fera plus de bien que de rester à Milly !

L'insistance de Nicole l'agaça. Plus il lui expliquait ses raisons, moins elle paraissait disposée à le suivre.

— Ce serait absurde ! dit-il. Le pauvre gosse se sentirait complètement perdu parmi des étrangers. J'ai une responsabilité envers lui. S'il survenait une complication de santé, je ne me le pardonnerais pas. C'est bizarre que tu ne t'en rendes pas compte !

Il revint, tout habillé, dans la chambre. Elle se voila le haut du buste avec le drap. Pour atténuer la sécheresse de son refus, il dit encore :

— Evidemment, si tout va bien, je ferai un saut au Pyla pour passer quelques jours avec toi...

— Ecoute, Pierre, dit-elle, Gisèle nous a invités ensemble. Je n'irai pas au Pyla sans toi. C'est tout !

— Que feras-tu, alors ?

— Peut-être une croisière en Grèce avec Jacqueline Moulin. Elle me l'a proposé, la semaine dernière.

— Ah bon !

Il constata avec plaisir qu'elle semblait certes déçue mais point fâchée. Selon son habitude, elle ne faisait un drame de rien. Elle avait une façon bien à elle, souple et tranquille, d'enjamber les contrariétés. La compagne idéale, songea-t-il en se penchant sur elle pour l'embrasser. Elle détourna la tête et lui présenta sa joue.

— Tu es un drôle de type ! dit-elle. On te croit fort et tu es faible, égoïste et tu fonds de tendresse devant un enfant malade, amoureux de la solitude et tu t'encombres de gens qui ne te sont rien !

Il rit :

— Connais-tu un caractère qui ne soit pas une somme de contradictions ?

— Oui, le mien. Je sais ce que je veux, moi !

— Et que veux-tu ?

— Pour l'instant, boire ! Prépare-moi un whisky avec de l'eau Perrier pendant que je me lève.

Elle se glissa hors du lit, si prestement qu'il eut à peine le temps d'entrevoir sa nudité blonde et svelte. Cinq minutes plus tard, elle le rejoignit, recoiffée, remaquillée, dans le living où il l'attendait devant deux verres pleins.

— Quand le petit sort-il de l'hôpital ? demanda-t-elle.

— Après-demain.

— Et quand comptes-tu m'inviter à *La Buissonnerie* ?

Décontenancé, il marmonna :

— Je ne sais pas... Dimanche prochain ce n'est pas possible... Mais dimanche en huit, peut-être... Ça te va ?

Elle abaissa les paupières en signe d'acceptation, les releva et lui lança un regard dont le feu intelligent et malicieux le troubla. Un moment, il songea à demeurer chez elle pour la nuit. Puis, la pensée de sa maison le reprit, violente et douce. Il ressentit la nécessité d'un prompt retour à *La Buissonnerie* comme une bête obéissant à l'appel de la forêt. Il lorgna sa montre : onze heures vingt.

— Il faut que tu partes ? dit-elle ironiquement.

Il protesta :

— Mais non, j'ai le temps !

Et il décida de rester jusqu'à minuit, moins par plaisir réel que par politesse amoureuse.

# 8

Une pesante chaleur descendait du ciel gris, boursouflé de nuages. Assis dans son bureau, les fenêtres ouvertes sur le jardin, Pierre profitait du dimanche matin pour écrire quelques lettres. Il avait négligé sa correspondance durant la maladie de Frédéric. Depuis une semaine que le garçon était de retour à la maison, la vie reprenait enfin son cours habituel. Quinze jours d'un traitement énergique avaient stoppé l'infection. D'après les dernières analyses, le liquide céphalo-rachidien était parfaitement normal. Et, par chance, les médecins n'avaient constaté sur l'enfant aucune des séquelles qu'ils redoutaient. A présent, il ne restait plus qu'à surveiller sa convalescence. Mme Cousinet et Amalia s'occupaient de lui en l'absence de Pierre. Il leur téléphonait souvent de Paris pour avoir de ses nouvelles. Hier, il avait confirmé aux Harteville qu'à son grand regret il ne pourrait, vu son programme de travail, se rendre chez eux, au Pyla, pour le mois d'août. En fait, il était ravi de cette décision. Pourquoi chercher le bonheur ailleurs qu'à *La Buissonnerie* ? Quand il réfléchissait aux affres qu'il avait connues pendant que Frédéric était soigné à l'hôpital, il avait l'impression d'émerger lui-même d'une maladie qui l'avait tenu longtemps éloigné du monde. Tout à coup, l'univers, autour de lui, retrouvait sa couleur et sa nécessité. La plume en suspens, il oubliait d'écrire pour respirer l'odeur du jardin avant la pluie. Des moucherons énervés tournaient autour de sa tête. Il les chassait d'un revers de la main. Une joie simple l'emplissait, soutenue par le pépiement des oiseaux et le bourdonnement de la tondeuse à gazon. On frappa à la porte. C'était Amalia. Elle était en vacances depuis quinze jours. Elle se glissa dans la pièce et murmura timidement :

— Il est bientôt midi, monsieur. Est-ce qu'on va se baigner ?

— Non, dit Pierre. Cela ferait trop de peine à Frédéric, s'il nous voyait dans la piscine alors qu'il n'a pas le droit de se mettre à l'eau. Attendons qu'il soit tout à fait rétabli. D'ailleurs, il n'y a pas de soleil.

— Bien, monsieur, dit Amalia.

La contrariété lui pinçait la bouche. Visiblement, elle était jalouse de l'excès d'attention qui entourait son frère. Depuis qu'il était revenu, il n'y en avait que pour lui !

— Que fait Frédéric ? demanda Pierre.

— Il ne fait rien, monsieur. Il est couché près de la piscine, sur une chaise longue.

Pierre se leva et sortit. Il n'avait pas encore vu le garçon, ce matin. Amalia marchait sur ses talons. Ils arrivèrent ensemble à la piscine. Frédéric était là, en effet, allongé sous un parasol. A côté de lui, Friquette reposait dans l'herbe avec dignité. Oubliant qu'elle était une bâtarde, elle prenait volontiers des poses hiératiques très dessinées, comme on en voit aux levrettes dans les enluminures du Moyen Age. Son copain, le canard Balthasar, se promenait à deux pas de là, les pieds plats, la queue agitée de petits mouvements horizontaux. L'enfant voulut se lever, mais Pierre l'en empêcha. D'un regard aigu, il étudiait ce visage émacié par la maladie, ces yeux cernés et brillants, ce cou fragile, et c'était comme s'il eût recensé les pièces d'un trésor qu'il avait failli perdre et qu'un miracle lui avait conservé.

— Comment te sens-tu ? demanda-t-il.

— Bien, monsieur.

— Qu'est-ce que tu lis ?

Frédéric lui montra son livre. Une aventure de science-fiction en bandes dessinées. Pierre se rappela son propre engouement, à l'âge de dix ans, pour des histoires de ce genre. Pourtant, il croyait savoir qu'il lui arrivait de lire, à côté, des ouvrages plus sérieux. Il eût souhaité que le garçon s'intéressât, lui aussi, à une littérature enfantine d'un niveau élevé.

— Tu ne préférerais pas lire un vrai livre ? demanda-t-il.

— Non, dit Frédéric. Cette histoire-là, elle est formidable, vous savez !

Il rayonnait d'enthousiasme. Pierre s'attendrit. La seule vue de l'enfant l'inclinait à l'indulgence.

— Quand est-ce que je pourrai de nouveau me baigner ? demanda Frédéric.

— L'année prochaine, quand tu seras guéri ! lança Amalia d'un ton acrimonieux.

— Mais qu'est-ce que tu racontes, Amalia ? dit Pierre.

Et, s'adressant à Frédéric, il ajouta :

— Dans deux ou trois semaines tu seras tout à fait d'attaque et prêt pour un plongeon. Nous poserons la question au Dr Patenôtre. As-tu bon appétit, au moins ?

— Oh ! oui, monsieur ! Je mange bien. A midi, papa doit nous préparer un plat portugais. Une soupe aux haricots secs, avec de l'oignon, du lard, des morceaux de chorizo...

Pierre fronça les sourcils, grommela : « Très bien, très bien ! » et se dirigea d'un pas résolu vers la maison de gardien. Frédéric, Amalia et Friquette le suivirent. Miguel s'affairait devant le fourneau, dans une puissante odeur de haricots, de lard et d'oignons.

— C'est sans doute excellent, ce qui mijote là, dit Pierre. Mais, pour Frédéric, il vaudrait mieux un bon bifteck saignant !

— Je n'en ai pas, monsieur, dit Miguel.

— Qu'il vienne donc déjeuner chez moi, aujourd'hui. Et demain, je dirai à Mme Cousinet d'acheter le nécessaire. Comprenez-moi, Miguel, Frédéric a besoin d'une nourriture saine et simple pour sa convalescence.

— Chez nous, au Portugal, quand on est malade, c'est la soupe aux haricots secs qu'on mange pour se remonter, grogna Miguel.

Blessé dans son amour-propre, il s'était brusquement rembruni. Toute sa rude cuisine portugaise lui restait sur les bras.

— Enfin, comme vous voulez, monsieur, reprit-il.

— Et moi, est-ce que je peux aller chez vous avec mon frère ? demanda Amalia qui s'était arrêtée sur le seuil.

— Mais oui, dit Pierre.

Et, se rappelant que Mme Cousinet lui avait, comme chaque dimanche, préparé un repas froid, il dit encore :

— C'est moi qui ferai cuire le bifteck.

— Non, moi, monsieur ! s'écria Amalia. Je sais très bien. Ma maman m'a appris. Vous verrez !

Le frère et la sœur se réjouissaient de cette fête inattendue. Miguel éteignit le gaz sous la marmite. Il avait un visage puni. Pierre emmena les enfants. Friquette trottait à côté de Frédéric, le museau levé, quêtant son regard, frôlant sa main pendante. Loin derrière, venait Balthasar. Il s'arrêta sur le seuil de la maison tandis que la chienne se précipitait à l'intérieur.

On s'installa dans la cuisine. Frédéric mit le couvert. Pierre sortit la viande du réfrigérateur et coupa les biftecks, en réservant le plus gros au garçon. Amalia enfila le tablier de Mme Cousinet par-dessus sa robe et officia, légère et sérieuse, avec des gestes d'une étonnante sûreté. Elle surveillait les tranches de viande qui grésillaient, ajoutait un filet d'huile, un morceau de beurre, remuait la queue de la poêle, ouvrait les narines sur la bonne odeur de grillade, tournait le moulin à poivre. Avec le bifteck, Pierre décida qu'on mangerait du maïs. Il en mit une boîte à chauffer au bain-marie, après avoir lu le mode d'emploi à haute voix, d'un ton sentencieux.

— Et pour le dessert, si on faisait des crêpes ? suggéra Amalia, surexcitée.

— J'en serais bien incapable, dit Pierre.

— Moi, je pourrais, dit-elle. J'ai la recette de ma maman.

— Alors, vas-y ! dit Pierre.

Et il ajouta avec ostentation :

— Je te donne carte blanche !

Cette formule mystérieuse transporta Frédéric.

— Oh oui ! s'écria-t-il en sautant sur sa chaise. Carte blanche ! En avant !

Friquette aboya ; Balthasar allongea le cou, observant la scène de profil, sans franchir le seuil ; et Amalia se mit en devoir de rassembler les ingrédients. La farine, les œufs, le lait, le sucre en poudre, elle savait la place de chaque chose dans la cuisine. Ses mains voletaient au-dessus du fourneau. Son nez était poudré de blanc. En trois minutes, la pâte liquide fut prête dans un grand bol.

— Tu en as fait pour tout un régiment ! dit Pierre.

— Mais non, monsieur, vous verrez, dit Amalia.

— J'ai faim, moi ! annonça Frédéric, la main sur le ventre.

Dans l'intervalle, les biftecks étaient arrivés à leur point de cuisson. On s'attabla gaiement. La viande était tendre et juteuse. Le couteau entaillait un velours rose, calciné en surface. Les grains de maïs, farineux et sucrés, fondaient sur la langue. Frédéric dévorait. Assis devant ces deux visages d'enfants, Pierre découvrait en lui-même une faim qui ne demandait rien à la nourriture. C'était aussi agréable, aussi reposant que de regarder le jardin par la fenêtre ouverte. Ayant fini son bifteck avant « les hommes », Amalia se leva pour confectionner les crêpes. Elle versait la pâte dans la poêle, guettait son changement de consistance, retournait la galette avec une spatule, la saupoudrait de sucre. Frédéric voulut essayer à son tour. Elle refusa de lui céder la place, disant qu'il n'avait pas « la main ». Les crêpes qu'elle servit enfin étaient trop épaisses, à peine cuites à l'intérieur, mais brûlées sur les bords. Pierre décréta néanmoins qu'elles étaient succulentes. Les enfants les badigeonnaient de confiture de fraises, les roulaient en tube et les découpaient par larges tronçons qu'ils avalaient avec gloutonnerie. Ils insistèrent pour que Pierre en fît autant. Il aurait voulu se contenter d'une seule portion. Mais, pour complaire à Amalia, il se domina et tendit encore une fois son assiette. La fillette jubilait dans son rôle de mère de famille. Pourtant, lorsque Pierre lui dit : « Tu seras une parfaite femme d'intérieur », elle se rebiffa :

— Je ne veux pas être une femme d'intérieur.

— C'est vrai, tu veux être dentiste ! dit Pierre.

— Oui.

— Et toi, Frédéric ?

— Je veux être sauveteur dans la montagne ou... ou pilote d'hélicoptère...

— Pour être pilote d'hélicoptère, il faut être fort en math, trancha Amalia. Et tu ne sais même pas combien font huit fois neuf !

— C'est pas vrai ! J'ai eu un B, la dernière fois...

Ils se disputaient, oubliant la présence de Pierre, et il était ravi de leur liberté nouvelle en sa compagnie. Friquette eut droit à des rognures de viande et à une crêpe avortée qu'elle avala en deux coups de gosier. Balthasar reçut un restant de maïs dans une soucoupe. Après le repas, les enfants demandèrent à Pierre la permission de regarder la télévision. Il refusa : Nicole devait arriver à cinq heures. Elle connaissait déjà *La Buissonnerie* pour y être venue à plusieurs reprises avec des amis. Aujourd'hui, pour la première fois, il la recevrait seule. C'était un événement d'importance.

Amalia lava la vaisselle en un clin d'œil et la rangea dans les placards. En bonne ménagère, elle effaçait derrière elle les traces de son passage. Maria n'aurait pas fait mieux. Quand elle eut fini, Pierre renvoya les enfants et, réfugié dans son bureau, prit un livre au hasard : *Considérations sur la France*, de Joseph de Maistre. Un traité rapide et virulent contre la république athée et pour la royauté de droit divin. A rapprocher des *Soirées de Saint-Pétersbourg*. Plongé dans sa lecture, Pierre attendait Nicole sans impatience.

Ponctuelle, à cinq heures précises, elle franchit la grille du jardin dans sa petite voiture rouge géranium. Plantés au bord de l'allée principale, Frédéric, Amalia et Friquette la regardèrent passer.

En l'accueillant, Pierre ressentit une gêne qu'il n'avait pas prévue. Elle, en revanche, paraissait très à l'aise dans ce monde clos qui n'était pas le sien. Le jardin, la maison, tout lui plaisait.

— Quel paradis de fraîcheur ! dit-elle. J'ai eu si chaud, sur la route, avec cet orage qui refuse d'éclater ! Sais-tu ce qui me ferait plaisir ? Me jeter dans la piscine !

Il ne put s'opposer à son désir, la conduisit dans la maisonnette du vestiaire et se déshabilla lui-même, sans entrain. Quand elle apparut à la lumière du jour, moulée dans son maillot de bain noir, la chair blonde et ferme, le sourire éclatant, les cheveux emprisonnés dans un bonnet, la tête ainsi rapetissée au-dessus des épaules larges, il fut à la fois pénétré d'admiration et comme encombré par une présence trop massive, trop sportive et trop saine. Elle plongea d'une brusque détente de tous ses muscles. Son crawl était souple et rapide. Balancé d'un côté à l'autre, son corps fendait l'eau avec l'aisance d'un animal aquatique. Pierre la rejoignit et nagea de son mieux, mais sans parvenir à la dépasser. Ayant couvert quatre fois la longueur de la piscine, elle continua sur le dos, les bras lancés d'avant en arrière. La face mouillée, la bouche entrouverte, elle clignait les yeux, face au ciel gris et bas. Un éclair déchira l'horizon. Quelques gouttes de pluie piquèrent la surface du bassin. Et, brusquement, les nuages crevèrent en cataracte. Giflés par l'averse, Pierre et Nicole sortirent de la piscine en riant et se réfugièrent dans le vestiaire. Du seuil de la cabane, Pierre vit Frédéric et Amalia qui détalaient sous les hachures de la pluie. Ils avaient dû épier de loin, derrière les buissons, les grandes personnes qui se baignaient. A présent, ils rentraient en courant dans la maison de gardien. Friquette les précédait par bonds élastiques. Seul Balthasar ne se pressait pas, heureux de la douche céleste. Pierre sourit devant cette procession comique à travers la confusion du déluge. Le tonnerre grondait, les arbres frémissaient, l'eau crépitait furieusement sur le toit du vestiaire. Après s'être séchés et rhabillés, Pierre et Nicole se ruèrent, côte à côte, vers la grande maison, en se protégeant la tête avec des serviettes.

Ils s'installèrent dans le bureau pour prendre l'apéritif. La pluie cessa. Un pâle soleil entra par la fenêtre ouverte. Une odeur de forêt mouillée se mêlait à l'odeur des livres. Assise dans un fauteuil de cuir, les jambes haut croisées, un verre à la main, Nicole prenait possession des lieux.

— On est bien, chez toi, dit-elle. Au fond, c'est l'amour de ta maison, de ton jardin qui te rend misanthrope !

Il reconnut qu'elle avait raison. Elle l'interrogea encore sur son mode de vie à la campagne, regretta qu'il n'eût plus « cette brave Maria » auprès de lui pour le décharger des soucis domestiques, eut un mot gentil pour Frédéric qu'elle avait aperçu dans le jardin :

— Il a l'air tout à fait remis, maintenant !

— Ne crois pas ça, dit-il. Il est encore très faible. Je dois le surveiller de près !

Elle sourit et parla de sa croisière en Grèce, le mois prochain. De temps à autre, tout en bavardant, elle effleurait du bout des doigts un bibelot sur la table :

— Il est très beau ce crabe articulé en bronze !... Et ce pommeau de canne, c'est un objet italien ?

Malgré un farouche effort de dégagement à l'égard du passé, Pierre souffrait de cet empiétement sur sa vie privée. Chaque objet que Nicole touchait ou même regardait, elle le volait à Suzanne. Naturellement triomphante, avec son poids, sa chaleur, son exigence, elle expulsait de la maison le fantôme de celle qui avait tout aménagé, tout choisi ici, depuis le tissu des murs jusqu'aux poignées des portes. Pierre dut se raisonner pour être aimable avec cette intruse, à qui il ne pouvait reprocher que sa beauté et sa vitalité.

Le soir, il l'emmena dîner dans un restaurant proche de Barbizon, où il avait retenu une table, dans le jardin. Bien que la nuit fût encore claire, de petites lampes, juponnées d'étoffe rose, brillaient au centre de chaque nappe, sous les feuillages. Il y avait tant de monde, ce dimanche, que les garçons avaient de la peine à se glisser entre les convives. La cuisine se ressentait de cette affluence. Service lent et désordonné, sauces refroidies. Et un brouhaha de foire à vous broyer les oreilles. En dépit de ces inconvénients, Nicole, imperturbable, rayonnait. Pour le dessert, elle suggéra des crêpes. Surpris, il ne put refuser et passa la commande au maître d'hôtel avec un sourire intérieur.

— Tu ne veux pas de la confiture avec tes crêpes ? demanda-t-il à Nicole, d'un ton enjoué.

— De la confiture ? dit-elle en riant. Quelle horreur ! Non, vraiment... Pourquoi de la confiture ?

— Pour rien...

Les crêpes du restaurant étaient meilleures que celles d'Amalia. Irrésistiblement, Pierre pensait aux mines gourmandes de Frédéric devant les épaisses galettes sucrées de sa sœur. Puis, comme tiré d'un rêve, il revenait à Nicole. Maintenant qu'il revoyait la jeune femme en terrain neutre, il la trouvait de nouveau attrayante. Il eût voulu rester toujours avec elle parmi des étrangers. Mais il était convenu entre eux qu'elle passerait la nuit à *La Buissonnerie*. Il appréhendait ce retour dans le cercle magique de ses souvenirs. Tout prétexte lui était bon pour retarder l'épreuve. Il bavarda longtemps devant sa tasse de café. Le restaurant se vidait. Ils furent les derniers à partir.

Dans la chambre à l'éclairage discret, le désir de Pierre fut plus fort que son malaise. Ce corps de femme qu'il tenait dans ses bras n'avait pas de nom. Pour la première fois, il fit l'amour dans le lit où Suzanne était morte. Au moment de l'orgasme, il eut l'impression tout ensemble d'une jouissance violente et d'un crime inexpiable. Ecœuré de bonheur, la chair affaiblie et le cerveau lucide, il se dit, pour se justifier, que l'oubli est la condition indispensable de toute vie. Nous n'avons qu'une seule toile à notre disposition pour peindre les différentes étapes de notre destin. Il est nécessaire, il est sain de recouvrir une couleur par l'autre. Toujours cette notion de santé qui excluait la tentation de la nostalgie. Blottie contre lui, Nicole cherchait ses lèvres. Elle était du côté de la guérison. Il l'embrassa sans arrière-pensée, se leva et s'approcha de la fenêtre. Là-bas, au fond du jardin, une faible lumière. La lampe baladeuse de Miguel. Il travaillait à son mur. « Les enfants doivent dormir depuis longtemps », songea Pierre. Le souvenir de son déjeuner avec eux lui revint en mémoire et il sourit dans le vide. Soudain, il décida qu'il n'inviterait plus jamais Nicole à *La Buissonnerie*.

## 9

— Tu verras, c'est une histoire passionnante ! dit Pierre.

Dubitatif, Frédéric feuilletait les deux volumes que Pierre avait achetés à son intention dans une petite librairie de Milly.

— Il n'y a pas du tout d'images, finit-il par murmurer, déçu.

— Elles viendront toutes seules dans ta tête dès que tu commenceras à lire !

— Moi, je sais ce que c'est, *les Trois Mousquetaires* ! dit Amalia. Ça se passe dans l'ancien temps, n'est-ce pas, monsieur ?

— Oui, dit Pierre.

— Est-ce que ça parle de bagarres ? demanda Frédéric.

— Entre autres choses, concéda Pierre en souriant.

Et il ajouta :

— Tu vas nous lire le premier chapitre à haute voix pour te mettre en train.

Frédéric fit la grimace. La lecture était son point faible. Pierre, qui venait d'achever de dîner, emmena le frère et la sœur dans son bureau. Il faisait clair, malgré l'heure tardive. Un crépuscule d'été, chaud et transparent. Frédéric s'assit par terre, en tailleur, et ouvrit le premier volume sur ses genoux. Aussitôt, Friquette s'adossa à lui, les pattes de devant raides, le corps oblique, pesant de tout son poids contre l'épaule de son jeune maître. Amalia avait pris place, ramassée en boule, sur une chaise basse. En s'installant dans son fauteuil, Pierre lança :

— Eh bien, à toi, Frédéric ! Nous t'écoutons !

Tandis que Frédéric lisait le début du roman, d'une voix monocorde, en butant sur les mots compliqués, Pierre se revoyait petit garçon, découvrant le monde héroïque et tumultueux d'Alexandre Dumas. Certaines phrases réveillaient en lui de lointaines résonances. La description de d'Artagnan l'attendrit rétrospectivement : « Visage long et brun ; la pommette des joues saillante, signe d'astuce ; les muscles maxillaires énormément développés, indice infaillible auquel on reconnaît un Gascon, même sans béret, et notre jeune homme portait un béret orné d'une espèce de plume. » Scrutant Frédéric, Pierre guettait sur cette physionomie appliquée les signes de l'enthousiasme qu'il avait éprouvé quelque quarante ans plus tôt. Il eût aimé, à travers ce petit étranger, revivre sa propre enfance. Mais Frédéric paraissait à peine conscient de ce qu'il lisait. Les sourcils noués par l'effort, il hachait les phrases en dépit du bon sens. De temps à autre, Pierre le reprenait pour une faute. Mais il l'encourageait aussi : « Continue. Tu vois, tu lis déjà mieux ! » En fait, il était consterné. « N'étais-je pas plus avancé que lui à son âge ? » se demanda-t-il. Et il se reporta à l'époque de sa première passion pour les livres. Sa chambre d'enfant se referma sur lui, avec ses jouets, son odeur, sa lampe à tige de métal, et la page brillamment éclairée, dont il suivait les lignes avec le doigt. Le monde, alors, grouillait de personnages imaginaires plus proches de lui que ne l'étaient ses parents. D'Artagnan donnait le bras au capitaine Nemo, Michel Strogoff chevauchait botte à botte avec Ivanhoé. Que les rêves de Frédéric étaient donc éloignés des siens ! Il fallait absolument dégourdir l'esprit de ce garçon, l'éveiller aux éternelles valeurs de la culture, le soustraire à la fascination du petit écran et des bandes dessinées. Il méritait un tout autre destin que celui qu'il était en train de se préparer dans l'ombre de son père. Au bout de quatre pages, Frédéric manifesta sa lassitude par un bâillement. Amalia lui arracha le livre des mains :

— Je peux lire moi aussi, monsieur ?

Elle le relaya et le récit prit un tour plus alerte. Visiblement, elle tirait vanité de lire mieux que son frère. Elle allait même jusqu'à mettre de l'intonation dans les dialogues. Bien qu'elle eût mérité des éloges, Pierre ne lui en fit aucun pour ne pas humilier Frédéric. Après elle, il s'empara lui-même du livre. Cette fois, en l'écoutant, les deux enfants semblèrent subjugués par les coups d'épée heureux de d'Artagnan et l'apparition radieuse de Milady. Pierre lut longtemps, soutenu par l'attention émerveillée de son auditoire et le charme de ses propres souvenirs. Quand il s'arrêta, jugeant que la séance avait assez duré, Frédéric le supplia :

— Encore, monsieur !

Touché, il se lança dans la suite. Arrivé à la dernière phrase d'un chapitre particulièrement mouvementé, il décréta :

— Fini pour ce soir ! Vous lirez le reste vous-mêmes.

Alors, Frédéric demanda si on ne pouvait pas « faire un peu de télé ». Malgré sa mine implorante, Pierre refusa :

— Tu as vu l'heure ? Ton père doit vous attendre.

— Oh ! non, monsieur, dit Frédéric, il est après son mur !

— Ce n'est pas une raison pour vous attarder ici. Allez ouste ! Au lit ! D'ailleurs, il n'y a plus rien de bien à la télévision.

Pierre se punissait en renvoyant les enfants. Mais il était pour la discipline. Du moins tenait-il à s'en persuader. La nuit était venue. Il alluma la lanterne qui éclairait le départ de l'allée, devant le perron, et regarda s'éloigner ces deux silhouettes fragiles. Amalia marchait d'un pas calme et régulier, tandis que Frédéric gambadait à ses côtés, assailli par une Friquette bondissante et jappante. Quant à Balthasar, il devait, comme d'habitude à cette heure, dormir, la tête sous l'aile, dans son enclos.

Le magasin, spécialisé dans la vente des trains modèles réduits, n'avait pas changé depuis le temps où Pierre y venait avec son père. En franchissant le seuil, il fut surpris de constater que la plupart des clients étaient des hommes d'âge mûr. Sans doute se rendaient-ils ici non pour complaire à leurs enfants mais pour assortir leur collection personnelle. Le visage sérieux, un catalogue à la main, ils discutaient technique ferroviaire avec les vendeurs. Sagement, Pierre attendit son tour. Comme à l'époque où, petit garçon, il rêvait devant l'étalage des locomotives. Certes, le matériel s'était modernisé, les convois d'aujourd'hui avaient une allure aérodynamique. Mais le plaisir de la contemplation était le même que jadis. Devant ces jouets, l'enfant que Pierre avait été se confondait avec l'enfant qui était récemment entré dans sa vie. C'était précisément à l'âge de Frédéric, peu avant la guerre, qu'il avait installé son premier circuit dans un coin de la lingerie, et la femme de chambre se plaignait parce qu'elle devait enjamber un enchevêtrement de rails pour accéder à la table de repassage. Puisqu'il avait passionnément aimé ce jeu, Frédéric ne pouvait y rester insensible. L'idée avait frappé Pierre à l'improviste, tandis qu'il travaillait, cet après-midi, sur la denture d'une cliente. Le temps de vérifier, dans l'annuaire téléphonique, que le magasin existait encore, et il avait bondi dans sa voiture. Maintenant, il supputait avec avidité la surprise, la joie de Frédéric. On commencerait par un parcours raisonnable, quitte à le développer ensuite. Conseillé par le vendeur, il choisit une boîte contenant un assortiment de rails, un aiguillage, une locomotive, des wagons, un transformateur. A la réflexion, ce matériel lui parut insuffisant et il le compléta selon sa fantaisie. Il ressortit, les bras chargés de paquets. Tout à coup, il se rappela l'existence d'Amalia : elle se sentirait frustrée s'il faisait un cadeau à son frère sans rien lui apporter à elle. Il entra dans un grand magasin, acheta une poupée et retourna à sa voiture.

Les souvenirs de son enfance le poursuivirent jusqu'au soir. Comme si l'acquisition de ce train avait mis en branle le mécanisme de sa mémoire profonde. Lui qui ne pensait presque jamais à ses parents ne pouvait aujourd'hui s'en détacher. Il avait perdu son père à l'âge de douze ans. Un homme bon et droit qui participait aux jeux de son fils, la cigarette collée au coin des lèvres, l'œil gauche plissé. Ensemble, ils regardaient courir les wagons sur les rails. Son père fumait trop. Sa mère le lui reprochait souvent. Quand il avait renoncé à la cigarette, c'était trop tard. Sa toux rauque, sa maigreur, sa pupille dilatée. Minée par le chagrin, la mère de Pierre n'avait guère survécu à son mari. Peut-être même avait-elle succombé à l'abus des tranquillisants. Ensuite, Pierre avait habité chez sa tante Mathilde, la sœur de sa mère, qui s'était occupée de lui jusqu'à la fin de ses études. Une femme douce et molle, qui, selon sa propre expression, lui laissait « la bride sur le cou ». Elle aussi était morte. Mais longtemps après, alors qu'il venait d'ouvrir son cabinet de dentiste. Tous ces fantômes entretenaient autour de lui une atmosphère de tendre regret dont il se méfiait comme d'une invitation à démissionner devant les difficultés de l'existence.

Quand il arriva à *La Buissonnerie*, Miguel et les enfants avaient déjà fini de dîner. Amalia rangeait la vaisselle. Frédéric, assis à la table de la cuisine, déchiffrait *les Trois Mousquetaires*. Il avait repris des couleurs et s'était comme étiré depuis sa maladie. Dès qu'il aperçut les paquets, son œil s'alluma :

— Qu'est-ce que c'est, monsieur ?

Et, avec des doigts impatients, il dénouait les ficelles, dépliait les papiers. En découvrant le train, il poussa une clameur de joie sauvage. Pierre se dit qu'il avait deviné juste. Il avait également acheté des maquettes de gare, de hangar, de maisons en miniature à assembler et à coller, pour entourer la voie ferrée. Tout plaisait à Frédéric. Il se jeta contre la poitrine de Pierre qui lui enveloppa la tête des deux mains. Amalia considéra longuement sa poupée, la tourna, la retourna et remercia d'un ton mesuré. Friquette, bien que n'ayant rien reçu, aboya pour manifester son allégresse.

— Vous les avez beaucoup gâtés, monsieur, dit Miguel. Il ne fallait pas.

Ce n'était pas une simple formule de politesse. Il y avait un vrai reproche dans sa voix. Pierre dédaigna de répondre. Avec Miguel, il avait l'habitude de ce parler abrupt. Autrefois, il passait par l'intermédiaire de Maria pour donner ses instructions au jardinier. Elle expliquait tout à son mari en portugais. Maintenant qu'elle n'était plus là, Pierre avait l'impression qu'un désert le séparait de cet homme, muré dans son incompréhension originelle. Déjà, Frédéric assemblait les rails sur le carrelage de la cuisine.

— Pas ici, dit Miguel. On marcherait dessus.

— Où, alors ? demanda Frédéric.

— Dans ta chambre.

— Il n'y a pas la place ! dit Amalia.

Pierre se rendit dans la chambre des enfants et constata qu'en effet l'espace entre les lits et la porte était trop exigu pour recevoir un circuit convenable.

— Alors, quoi ? Je ne pourrai jamais m'amuser avec mon train ? se désolait Frédéric.

— Si, dit Pierre. J'ai une idée. Nous allons installer le train dans la salle de billard, à côté de mon bureau.

— Mais ce n'est pas possible, monsieur ! dit Miguel. Si vous faites ça, vous ne pourrez plus jouer au billard !

— Il y a un siècle que je n'y joue plus, Miguel !

— Tout de même !...

— Je me consolerai en jouant au train ! dit Pierre en riant. D'ailleurs, le drap de la table de billard a des accrocs. Nous le recouvrirons d'une feuille de contre-plaqué et nous disposerons dessus tout le fourbi.

— Oh ! oui, ce sera chouette, monsieur ! s'écria Frédéric.

— Venez avec moi, Miguel, reprit Pierre. Nous allons tout de suite prendre les mesures pour la feuille de contre-plaqué. Vous la commanderez demain chez Mauricet. Il la coupera devant vous.

Tout le groupe se dirigea en procession vers la maison, Friquette fermant la marche. La salle de billard, depuis longtemps délaissée, sentait le moisi. Un mètre ruban à la main, Miguel calcula les dimensions de la future surface de manœuvres ferroviaires. De toute évidence, on n'avait pas acheté assez d'accessoires pour la garnir. Pierre ne se mit à table pour le dîner qu'après avoir réglé toutes les questions relatives à la nouvelle destination des lieux.

Le lendemain, qui était un vendredi, il téléphona de Paris à Miguel pour savoir si le menuisier avait coupé et livré la feuille de contre-plaqué. Ce fut Frédéric qui lui répondit : la feuille de contre-plaqué était déjà en place. On avait même dû en rassembler deux pour arriver aux dimensions voulues.

— C'est formidable ! criait Frédéric à l'autre

bout du fil. Allô ! Allô !... Vous m'entendez, monsieur ?

— Ne parle pas si fort, dit Pierre. Tu me casses les oreilles !

— Quand est-ce que vous venez, monsieur ? On ne peut pas installer les rails sans vous ! On ne peut rien faire sans vous ! On vous attend !

— Je tâcherai de rentrer un peu plus tôt, promit Pierre.

Sa propre impatience l'amusait. Il profita d'un temps mort entre deux rendez-vous pour retourner au magasin et y acheter des rouleaux de papier vert pelucheux imitant le gazon, des rails droits et courbes en supplément, un tunnel, un pont métallique. A peine était-il revenu au cabinet que Nicole l'appela au téléphone. Un contretemps : elle ne pourrait pas le voir, la semaine prochaine, parce qu'elle devait se rendre à Londres pour quelques jours. Il n'en fut pas autrement contrarié.

Tout le samedi fut occupé par le collage du papier gazonné et la fixation des rails selon un schéma préalablement établi. Assise dans un coin de la salle, sa poupée à côté d'elle, Amalia observait les trois hommes qui s'affairaient autour du billard. De temps à autre, Pierre s'écartait d'un pas pour admirer le paysage lilliputien. Puis il revenait à la tâche, s'acharnait sur de petites vis, poussait des tenons dans de minuscules mortaises, branchait le transformateur. Miguel, avec ses gros doigts, ne pouvait lui être d'aucun secours dans une besogne aussi minutieuse. Il se dandinait, la face close, le regard absent. Au bout d'un moment, il grommela :

— Je peux partir, monsieur ? Vous n'avez plus besoin de moi ?

— Mais oui, dit Pierre agacé. Allez-vous-en, Miguel. Vous avez autre chose à faire !

Alors Amalia, délaissant sa poupée, s'approcha de la table et se mit, elle aussi, à visser les rails. Les sourcils froncés, la lippe volontaire, elle maniait le tournevis avec la légèreté et la précision d'un horloger. Après chaque opération, elle se déplaçait latéralement pour attaquer le rail suivant. A la fois sérieuse et jubilante, elle était visiblement à son affaire. Frédéric s'impatientait et demandait toutes les dix minutes : « Et maintenant, on peut le mettre en marche ? »

Ce fut seulement le dimanche matin que Pierre lança le premier convoi, devant les enfants. Le train en miniature serpentait à travers une prairie verte, passait sous un tunnel, franchissait un pont, croisait un autre train venant en sens inverse. Frédéric actionnait les aiguillages selon les indications de Pierre. Certaines courbes étaient trop serrées. Des wagons déraillèrent.

— Un accident ! hurla Frédéric au comble de la joie.

Il redressa les voitures, les raccrocha à la locomotive. Pierre fit rouler le convoi en marche arrière et le conduisit sur une voie de garage pour laisser filer l'autre convoi. Ces manœuvres exactes, destinées à éviter les télescopages, l'amusaient comme un jeu d'adresse. Friquette avait escaladé une chaise et, de là, le cou tendu, considérait avec un mélange d'effroi et de curiosité cet engin diabolique qui courait en tous sens sur la table. Parfois, un jappement énervé s'échappait de sa gueule. Frédéric la fit taire avec une tape. Les yeux agrandis par l'émerveillement, Amalia s'écria :

— Je vais chercher mon père ! Il faut qu'il voie ça !

Elle partit en courant et revint, suivie d'un Miguel à l'œil opaque et aux semelles de plomb. Après un regard au chemin de fer, il dit :

— C'est très bien... très bien... Mais il est tard... Frédéric, Amalia, vous venez ?... On va se mettre à table...

Un bruit de dispute guida Pierre dans la salle de billard. A peine revenu de Paris, après une journée fatigante, il n'avait pas encore vu les enfants. Il les trouva devant le train. Amalia, radieuse, manipulait le transformateur et guidait les convois, chacun selon son itinéraire, avec astuce et dextérité, tandis que Frédéric, debout derrière elle, la menaçait du poing et grognait :

— Laisse ça, idiote, ou je te tape dessus !

— Que se passe-t-il ? demanda Pierre.

— Elle m'empêche de jouer ! bredouilla Frédéric. Elle dit que je ne sais pas, que je suis trop petit ! Le train, il est à moi, tout de même ! C'est *mon* cadeau, c'est *mon* train !

— Il abîme tout, monsieur, dit Amalia. Ce qu'il aime, c'est les accidents !

Et, tournée vers Frédéric, elle ajouta :

— C'est pas comme ça qu'on fait ! Tu es là à tripoter le transformateur dans tous les sens ! Tu vas le casser !

— Ecoute, Amalia, dit Pierre posément. Bien sûr, toi, tu es grande, tu te débrouilles mieux que lui. Mais il faut le laisser faire. Sinon, il n'apprendra jamais. Et puis, le train, c'est un jeu de garçon...

Une lueur vindicative jaillit dans les yeux d'Amalia. D'une chiquenaude, elle renversa les wagons qui passaient devant elle.

— Bien, monsieur, dit-elle entre ses dents.

Et elle quitta la pièce, sa poupée sous le bras. Peu après, elle revint et jeta la poupée dans le creux d'un fauteuil, dédaigneusement. La figurine de matière plastique resta là, les yeux ouverts, les jambes écartées, les bras tendus dans le vide. Ayant produit son effet, Amalia ressortit en faisant voler sa jupe dans un mouvement de féminité offensée. « Son père tout craché ! » songea Pierre, partagé entre l'irritation et l'amusement. Frédéric redressa les wagons avec des hoquets de chagrin. Sa maladie l'avait certainement rendu plus émotif. Il fallait le ménager. Pierre lui montra, pour la dixième fois, le fonctionnement du transformateur :

— Tourne le bouton à droite, doucement... Non, là tu le tournes à gauche...

Frédéric reniflait, soupirait, recommençait, les sourcils crispés, les doigts gourds. Sa maladresse, dont il avait conscience, le navrait. Visiblement, il avait envie de tout planter là. Pour le calmer, Pierre lui essuya le visage avec son mouchoir et annonça gaiement :

— Sais-tu ce que nous allons faire ? C'est demain samedi. Eh bien, je t'emmènerai à Paris dans ce magasin où il y a tout ce qu'il faut pour les trains miniatures !

— Nous irons tous les deux, vous et moi, ou avec Amalia ?

— Avec Amalia, bien sûr ! dit Pierre. Il faut que tu sois gentil avec ta sœur. Alors, elle sera gentille avec toi.

Cependant, le lendemain matin, quand Pierre annonça son intention à Amalia, elle répondit d'un ton pointu :

— Merci, monsieur. Mais je ne veux pas aller à Paris. Je préfère rester avec mon père.

— Où est-il, ton père ?

— Il est à Milly. Mais il doit revenir bientôt.

— Tu vas t'ennuyer, toute seule !

— Je ne m'ennuie jamais, monsieur.

Frédéric piaffait devant la voiture. Sans doute craignait-il que sa sœur ne se ravisât.

— Alors, on y va ? demanda-t-il dans un souffle.

Comme il s'asseyait dans l'auto, Friquette bondit et se campa superbement sur la banquette arrière.

— Ah non ! dit Pierre. Pas toi, Friquette ! Veux-tu descendre !

— On ne pourrait pas l'emmener à Paris, monsieur ? implora Frédéric.

Pierre tint bon. Comprenant qu'elle était condamnée, Friquette fit un museau de martyre, les oreilles effacées, l'œil humble, et glissa à terre.

— Tu t'occuperas d'elle, Amalia, dit Frédéric.

Assise à croupetons au seuil du pavillon de gardien, Amalia se rongeait un ongle.

— Non, dit-elle. J'ai autre chose à faire.

La formule même dont Pierre s'était servi naguère pour renvoyer Miguel à ses occupations, tandis qu'il restait à jouer avec les enfants. L'avait-elle fait exprès ?

Frédéric descendit de voiture en maugréant et attacha Friquette à une ficelle qui pendait au tronc d'un arbre. Penché sur elle, il la caressait, l'embrassait en murmurant :

— Sois sage, ma Friquette. Tu vas garder la maison. Nous reviendrons bientôt !

Friquette tendait la patte et gémissait pour se faire plaindre encore.

— C'est une sacrée comédienne, ta Friquette ! dit Pierre en riant.

Et il enveloppa d'un regard ému cet enfant et cette chienne qui se comprenaient si bien. Quelle bouillonnante sensibilité chez ce garçon ! Comme il ressemblait à Maria ! Enfin, Frédéric, brusquant la séparation, courut vers l'auto et s'installa à son tour sur le siège arrière.

Ils prirent la route avec allégresse, laissant derrière eux une Friquette liée au poteau du sacrifice et une Amalia figée dans son orgueil.

Le samedi matin, Pierre n'exerçait pas, mais son collaborateur assurait les urgences. Au lieu de se rendre directement au magasin, il passa rue François-Ier au cabinet dentaire. L'enfant fut ébloui par cette machinerie de précision. Dans la pièce blanche où luisait un outillage mystérieux, il se croyait, dit-il, dans l'habitacle d'un vaisseau spatial. Pierre apprécia son étonnement. Il lui expliqua le fonctionnement de tous les appareils, le guida chez le prothésiste, le présenta à son assistante et à Marc Véry :

— Je vous ai parlé de Frédéric qui m'a donné tant de soucis pendant sa maladie ! Eh bien, le voici ! N'est-ce pas qu'il a bonne mine pour un convalescent ?

Et il guettait sur les visages une réponse à l'attendrissement qu'il ressentait lui-même. Il fit asseoir le garçon dans le fauteuil, prit un miroir à main, une sonde et dit :

— Je vais en profiter pour regarder tes dents.

— Vous allez me faire mal ! gémit Frédéric.

— Mais non. Ouvre bien la bouche.

La denture de Frédéric était d'une régularité et d'une solidité parfaites, mais d'une propreté douteuse.

— Dis-moi, toi, grommela Pierre, est-ce que tu te laves les dents tous les jours ?

— Je ne sais pas, monsieur, balbutia Frédéric.

— Ce ne serait pas plutôt une fois par semaine ?

— Oui, plutôt.

— Alors, quand tu seras grand comme moi, tu n'auras plus de dents !

Les yeux écarquillés, les mains sur les genoux, Frédéric reçut le verdict sans broncher. L'époque où il serait « grand » était si loin de lui qu'il n'était pas disposé à s'en inquiéter dès maintenant. Les manches de son veston, qui n'était plus à sa taille, découvraient ses poignets maigres et osseux.

— Rince-toi la bouche, dit Pierre.

Frédéric porta à ses lèvres le gobelet plein d'une eau parfumée, la ballotta d'une joue à l'autre, l'avala et dit :

— C'est vachement bon !

Puis il accompagna Pierre dans son bureau et, assis sur une chaise, l'écouta dicter son courrier au magnétophone pour sa secrétaire. Ce cérémonial étrange parut l'impressionner vivement. Il avait le même visage captivé que devant le poste de télévision.

Après avoir donné ses instructions au magnétophone pour la dernière lettre, Pierre approcha subrepticement le micro de Frédéric. Sans se douter de rien, le garçon s'écria :

— Ce que c'est chouette, ici ! C'est dommage qu'Amalia ne voie pas ça !

Ayant enregistré cette déclaration, Pierre rembobina la bande et passa, aussitôt après, à l'audition. En entendant sa propre voix qui sortait de la boîte, Frédéric s'étonna, douta, exulta. Il regardait tour à tour l'appareil mystérieux et Pierre qui restait impassible. Les yeux de l'enfant brasillaient du bonheur de la découverte. Il voulut parler encore dans le micro. Mais Pierre lui rappela qu'ils devaient passer à la boutique des trains en miniature. Instantanément, Frédéric sauta d'un plaisir dans un autre. Oublié le magnétophone, il n'y en avait plus que pour le chemin de fer !

— Oh ! oui. Allons-y tout de suite, monsieur !

Il se tortillait d'impatience. Dans le magasin, il tomba en arrêt devant une locomotive d'un modèle ancien, avec sa haute cheminée et ses cuivres rutilants. Mais cette pièce de collection n'était pas à vendre. Pierre se contenta d'acheter des rails courbes et des passages à niveau dont on avait grand besoin.

Quand ils se retrouvèrent, avec leurs paquets, sur le trottoir, Pierre décida :

— Maintenant, on rentre !

Pris dans le flot des voitures, sur l'autoroute, il conduisait plus prudemment que de coutume. La présence de Frédéric sur la banquette arrière lui donnait une impression exaltante de responsabilité et de force.

En arrivant à *La Buissonnerie*, il trouva Miguel et Amalia occupés à sarcler les mauvaises herbes, dans la pelouse.

Friquette, toujours à l'attache, jappait plaintivement. Frédéric se précipita pour la délivrer. Il revint avec la chienne qui bondissait en lui mordillant les talons, les mollets, les mains, dans la joie des retrouvailles. Puis, plongeant dans la voiture, il en tira les paquets et s'écria :

— Regarde ! C'est encore des trucs pour le train !

— Qu'est-ce que tu veux que ça me fasse ? dit Amalia.

Elle dévorait son frère avec les yeux de l'envie. Après s'être acquittée, par des aboiements et des courbettes, de son devoir de bienvenue, Friquette, selon son habitude, se lança à la poursuite du canard Balthasar. Appuyé sur le manche de son sarcloir, Miguel, visage de bois, ne disait mot. Mme Cousinet sortit de la maison et demanda si Monsieur avait déjeuné.

— Mais non, dit-il. Pourquoi ?

— Il est deux heures moins le quart, monsieur, dit Mme Cousinet. Je ne savais pas ce que je devais faire.

Il passa dans la salle à manger. La table était mise pour un couvert.

— Frédéric et Amalia vont déjeuner avec moi, dit Pierre.

— Amalia a déjà déjeuné, à midi, avec son père, dit Mme Cousinet.

— Alors, rajoutez un couvert pour Frédéric.

Mme Cousinet pinça les lèvres et obéit. Frédéric prit place en face de Pierre. En les servant, Mme Cousinet avait un air gourmé, comme si elle eût désapprouvé l'intimité excessive de Monsieur avec le fils du jardinier. Sans doute son respect de la hiérarchie sociale s'opposait-il à de tels enjambements. Indifférent à son humeur, Pierre la complimenta pour son rôti de veau aux carottes et elle se détendit un peu. Amalia fit son apparition au moment du dessert et accepta de goûter à la salade de fruits. Pierre eut pitié d'elle.

— Tu sais, dit-il, j'ai examiné les dents de Frédéric et j'ai bien l'intention de t'emmener, samedi prochain, à Paris, pour examiner les tiennes.

Elle rougit et ses yeux se mouillèrent de larmes. Quoi qu'elle fît, elle venait en second, après son frère. Mais ce raccrochage humiliant valait mieux que rien.

— Merci, monsieur, murmura-t-elle.

Mme Cousinet, corsetée de principes, desservit la table.

## 10

Le samedi suivant, selon sa promesse, Pierre emmena Amalia et Frédéric à Paris. Ayant examiné la denture de la fillette, il la trouva aussi saine que celle de son frère. Mais ses incisives centrales supérieures se chevauchaient imperceptiblement. Il eût été sage de prévoir un appareil pour corriger ce léger défaut. Pierre en avait déjà parlé à Miguel et s'était heurté à un refus catégorique. Pour le jardinier, c'était de la mauvaise coquetterie : « Si Dieu l'a faite comme ça, elle doit rester comme ça ! » Amalia elle-même, à qui Pierre, par acquit de conscience, signalait cette imperfection, réagit comme son père :

— Non, monsieur, je ne veux pas. J'aime mieux rester comme je suis.

— C'est stupide ! dit Pierre. Plus tard, tu le regretteras. Tu es jolie, tu le serais encore plus !

Elle s'empourpra, se raidit dans le fauteuil et murmura :

— Je ne veux pas être jolie !

Mais incontestablement ce compliment détourné la flattait. Elle avait mis sa plus belle robe, couleur prune à dessins roses pour se rendre en ville. Quand elle se retrouva dans la rue entre Pierre et

Frédéric, son visage s'épanouit. Il faisait beau. Tout Paris était en vacances. Des promeneurs aux tenues estivales s'attardaient paresseusement sur les trottoirs. Les carrosseries des voitures étaient autant de miroirs qui renvoyaient dans les yeux l'éclat fulgurant du soleil. Devant l'ébahissement muet de la fillette, Pierre demanda :

— Ce n'est quand même pas la première fois que tu viens à Paris ?

— Non, monsieur, dit Amalia. Nous y sommes déjà venus, il y a très longtemps, avec mon père et ma maman. Nous avons déjeuné chez des cousins. C'est loin d'ici, la tour Eiffel ?

— A deux pas. Je vous y emmène.

— Oui, oui ! s'écria Frédéric. C'est vrai qu'il n'y a pas de construction plus haute au monde ?

Pierre le détrompa et, conduisant sa voiture avec lenteur, rejoignit la rangée d'autocars stationnés devant le Champ-de-Mars. Un flot de touristes, l'appareil photographique en bandoulière, assiégeaient la tour. L'étonnement des enfants, leurs exclamations, leurs questions entrecroisées charmèrent Pierre comme si cette ville eût été un cadeau qu'il leur faisait.

— Et les Invalides ? demanda Amalia. Où est-ce, monsieur ? C'est là qu'on a enterré Napoléon, n'est-ce pas ?

Pierre, ravi, emmena Frédéric et Amalia aux Invalides et leur montra, de loin, le dôme, les canons. De là, ils retournèrent vers l'Arc de Triomphe.

— Qu'est-ce que c'est grand ! Moi, j'aurais peur de vivre ici ! disait Amalia.

— Moi, j'aimerais, dit Frédéric. Il y a plein d'autos !

Il faisait semblant de tenir un volant à deux mains et grondait, les lèvres agitées d'un léger tremblement :

— Vroum ! Vroum !

Visiblement, il courait les Vingt-Quatre Heures du Mans. Pierre se divertit de ces facéties garçonnières. Il ignorait lui-même jusqu'à présent à quel point il aimait cette ville, ce ciel, ces arbres, ces pierres chargées d'histoire.

De retour à *La Buissonnerie*, Frédéric s'élança dans le jardin à la recherche de sa chienne. Elle n'était nulle part. Miguel, interrogé, affirma ne l'avoir pas vue de la matinée. Mme Cousinet fut aussi évasive. Frédéric, en pleurs, gémissait :

— Elle est perdue ! Je suis sûr qu'elle est perdue ! J'aurais dû l'attacher, comme l'autre fois !

Ce chagrin d'enfant remua Pierre comme s'il en eût été responsable. Tout ce qui affligeait Frédéric le mettait lui-même en émoi.

— Calme-toi, dit-il. Elle ne peut pas être bien loin.

Et, en effet, comme il se dirigeait vers son bureau, il entendit gratter et geindre derrière la porte. Friquette était là, frétillante, affolée, enamourée. Mme Cousinet l'avait enfermée par mégarde en faisant le ménage. La chienne se rua dehors. Frédéric la reçut comme une balle élastique en pleine poitrine. Il riait à travers ses larmes. De nouveau, ce fut une fête de jappements et de gambades. Les yeux encore humides, Frédéric demanda à Pierre la permission de rester déjeuner avec lui. Amalia intervint avec une raide autorité :

— Non. Mon père nous attend. Tu vas venir déjeuner à la maison.

— Pourquoi ?

— Parce que c'est comme ça !

Frédéric la suivit en bougonnant.

Pierre sortait de table quand le garçon revint en courant.

— Tu as fait vite, dit Pierre.

— C'était pas bon ! dit Frédéric.

— Où est ta sœur ?

— Elle fait la vaisselle. Vous venez jouer au train avec moi, monsieur ?

— Non, dit Pierre. J'ai du travail. Il faut que tu apprennes à t'amuser seul.

Frédéric, la lèvre gonflée de dépit, passa dans la salle de billard et referma la porte. Pierre prit un journal, le parcourut, mais son esprit était ailleurs : auprès de l'enfant que, par sagesse, il avait renvoyé. Au bout d'un moment, n'y tenant plus, il se rendit lui-même dans la salle de billard. Cependant, il refusa de s'associer au jeu. Assis dans un profond canapé anglais, il reprit la lecture de son journal, tandis que Frédéric tournait autour de la table. Manifestement, depuis quelques jours, le garçon s'intéressait moins à ce train qui l'avait tant diverti au début. Manipulant le transformateur, il suivait d'un œil morne la course, cent fois répétée, des convois. Manquait-il de persévérance au point de ne pouvoir trouver de goût qu'à la nouveauté ? Les enfants d'aujourd'hui étaient-ils plus instables, plus exigeants que ceux d'hier ? Etait-ce une question de caractère ou d'époque ? Soudain, Frédéric décida qu'il fallait apporter une variante au circuit existant. Il dévissa une large portion de la voie ferrée, la disloqua et, devant l'éparpillement des rails, ne sut plus comment les assembler. L'air mécontent, il ajustait un tronçon à l'autre, au hasard, se trompait, grognait contre la difficulté du montage. Comme il était prêt à pleurer de dépit, Pierre intervint pour l'aider. Frédéric le laissa faire, trop heureux d'être débarrassé d'une corvée. Un bruit de voix traversa la porte : la télévision !

— C'est Amalia ! s'écria Frédéric. Je peux aller voir la télé avec elle, monsieur ?

— Si tu veux, dit Pierre.

Frédéric se précipita dans le bureau et Pierre se retrouva tout seul, tout bête, et souriant de la situation, parmi les rails démontés. Ayant réparé le mal, il rejoignit les enfants. Amalia et Frédéric étaient assis à califourchon, chacun sur l'accoudoir d'un fauteuil. Sur l'écran, deux messieurs graves discutaient de la crise pétrolière.

— Cela vous intéresse, ce qu'ils racontent ? demanda Pierre en tournant un bouton pour baisser le son.

— Non, pas beaucoup, dit Frédéric.

— Alors, pourquoi les écoutez-vous ?

— C'est Amalia qui ne veut pas changer de chaîne !

— Tu ferais mieux de lire, Amalia, dit Pierre.

— Mais je lis, monsieur. Tous les soirs, dans mon lit !

— Oui, grommela Frédéric, et tu m'empêches de dormir !

— Avec ça que la lumière te gêne ! dit Amalia. C'est toi qui m'empêches de dormir en remuant toute la nuit ! Vous savez, monsieur, il est somnambule. Quelquefois, il se lève, il traverse la chambre, les yeux ouverts, sans rien voir, puis il se recouche. Ça me fait tellement peur !

— Ce n'est pas vrai ! hurla Frédéric, les prunelles exorbitées. Tu mens ! Tu es une peau de vache !

Cette injure inhabituelle parut le griser. Il la répéta, à la fois effrayé et ravi de son audace :

— Une peau de vache ! Une sale peau de vache !

— Si tu te fâches, c'est que j'ai raison ! répliqua Amalia, imperturbable. Vous pouvez demander à mon père, monsieur.

Amusé par cette chamaillerie, Pierre s'approcha du poste, appuya sur un bouton et changea de chaîne. Sur l'écran, éclata une fusillade entre gangsters. Les détonations claquaient sec dans le brouillard. Les tireurs grimaçaient en pressant sur la détente. Une jeune femme blonde, terrorisée, se réfugiait sous un porche. Instantanément, Frédéric et Amalia oublièrent leur querelle. Médusés, ils n'étaient plus dans le bureau, mais quelque part à New York, mêlés à un règlement de comptes entre deux bandes rivales. Pierre les laissa à leur fascination et sortit dans le jardin à la recherche de Miguel.

Il le trouva travaillant à son mur. Morceau par morceau, le jardinier en avait déjà construit une grande partie. Ce long rempart de parpaings gris était sinistre, comme une enceinte de prison. Tant qu'il n'aurait pas été crépi et coiffé de tuiles, il aurait cet aspect coercitif. Debout sur son échafaudage, Miguel vérifiait un aplomb avec son niveau à bulle d'air.

— Je voudrais vous parler au sujet des enfants, lui dit Pierre de but en blanc. Ils sont vraiment trop mal logés, chez vous. Maintenant qu'ils sont grands, il leur faut une chambre à chacun. Je pense les installer chez moi, dans les deux chambres d'amis. Elles ne servent à rien depuis des années.

— Bien, monsieur, dit Miguel en jetant un peu de ciment sous la semelle d'un parpaing pour le rehausser.

— Ils prendront leurs repas avec vous, sauf le dimanche, poursuivit Pierre, et ils coucheront à la maison. Je demanderai à Mme Cousinet de préparer leurs chambres dès ce soir.

Il s'éloigna du mur avec le sentiment désagréable d'avoir frappé un homme à terre. Puis, revenant sur ses pas, il ajouta :

— J'ai également pensé qu'il faudrait changer les enfants d'école. Frédéric a besoin d'une instruction très surveillée, très poussée. On m'a signalé un établissement sérieux, à Fontainebleau : le collège Regnard. C'est une pension de premier ordre, où les élèves apprennent les langues étrangères, font du sport, se créent des relations. Il est très difficile d'y entrer. Surtout que nous nous y prenons un peu tard ! Je vais m'en occuper dès lundi.

— Il ne faut pas, monsieur, dit Miguel d'une voix sourde en posant sa truelle. Mes enfants n'ont pas besoin de ça. Je veux que Frédéric soit comme moi, un jardinier, et qu'Amalia se place comme sa mère. C'est en essayant de grimper que les gens se cassent le cou !

— Mais c'est absurde ! Amalia a des dispositions pour les études. Et Frédéric s'y mettra, lui aussi, j'en suis sûr. Il serait criminel de les laisser dans leur condition. Puisque nous avons les moyens de les aider à progresser, nous avons le devoir de le faire.

— Maria et moi étions heureux d'être ce que

nous étions. Nous ne regardions pas plus haut.

— Eh bien, moi, je vous jure que, si Maria était là, elle me donnerait raison ! Elle aimait trop ses enfants pour ne pas tout sacrifier à leur bonheur, à leur réussite !

Miguel parut ébranlé. Il s'essuya les mains sur le devant de sa salopette et grommela :

— Peut-être... Je ne sais pas... Mais elle doit coûter cher, cette pension !

— Ne vous occupez pas de ça. Il est normal que je prenne sur moi ce genre de dépenses.

— Non, ce n'est pas normal, monsieur.

— Pourquoi ?

— Ils ne sont pas vos enfants.

— Bien sûr. Mais j'ai de l'affection pour eux, vous le savez.

— Parce qu'ils ont perdu leur mère ?

— Parce qu'ils ont tous deux des qualités de cœur et d'esprit que ma femme appréciait et que j'apprécie à mon tour.

— Alors, comme ça, vous allez encore nous faire l'aumône ?

Le regard de Miguel était devenu dur et noir comme un éclat de jais. Pierre eut l'impression, soudain, que cet homme le détestait pour sa bienveillance. Ce fut un éclair. Déjà Miguel courbait les épaules.

— Elle est où, dites-vous, cette école ? demanda-t-il.

— A Fontainebleau. J'irai les chercher tous les vendredis soirs pour le week-end.

Miguel secoua sa lourde tête dans un mouvement de cheval agacé par les mouches :

— Et ils seront heureux, là-bas ?

— Très heureux, j'en suis convaincu, affirma Pierre avec force.

A chaque mot, il gagnait du terrain. Il se dit qu'il devait agir ainsi, avec rapidité et brutalité, pour ébranler cette masse. Son seul souci était l'avenir des enfants.

— Vous leur en avez parlé ? demanda Miguel.

— Pas encore.

Miguel ramassa un parpaing à ses pieds et le présenta sur le mur. La discussion était scellée. Pierre reprit le chemin de la maison. Au passage, il s'arrêta pour contempler un massif de roses fraîchement épanouies. Il les connaissait bien, et pourtant, chaque année, leur éclosion le surprenait. Jaune pâle, rosées sur les bords, toujours semblables et toujours différentes, c'étaient les préférées de Suzanne.

Pierre sortit de sa chambre sur la pointe des pieds, traversa le palier et s'approcha de la chambre d'amis où, pour la première nuit, reposait Amalia. Entrebâillant la porte, il écouta, dans le noir, le souffle égal de la fillette. Frédéric dormait dans la chambre voisine. En écartant le battant du chambranle, Pierre découvrit le lit trop grand, avec le garçon gisant sous le drap à demi repoussé, dans une pose de nageur. La lumière venant de l'escalier permettait de deviner l'affiche de la corrida sur le mur, des autos en miniature éparpillées sur le tapis et, aux pieds du dormeur, sur la couverture, Friquette qui levait le museau pour reconnaître l'intrus. Elle n'aboya pas, frétilla de la queue et, épuisée de bien-être, laissa retomber sa tête sur la jambe de Frédéric. Elle était enfin chez elle.

Avec des précautions de voleur, Pierre referma la porte et retourna dans sa chambre. Comment dormir avec ces deux sommeils d'enfants à portée de regard ? Couché dans son lit, il croyait entendre, à travers le murmure feuillu du jardin, une double respiration puérile. Un moment, il pensa à Miguel, seul dans sa maison subitement désertée. Ne l'avait-il pas brusqué dans son affection et dans son orgueil en insistant pour prendre Frédéric et Amalia sous son toit ? Avait-il le droit de s'emparer de ces deux jeunes êtres sous prétexte que leur père ne savait pas s'occuper d'eux ? Cette idée le tourmenta le temps d'un soupir. Puis il la chassa avec force : ses scrupules étaient absurdes. Par une sorte de déformation intellectuelle, il prêtait à son jardinier une sensibilité dont le pauvre homme était bien incapable. Selon toute vraisemblance, l'absence de son fils et de sa fille laissait Miguel indifférent. Pierre se le répéta pour se donner bonne conscience, éteignit sa lampe de chevet et ferma les yeux dans l'obscurité avec le sentiment d'avoir, par une judicieuse décision, contribué au bonheur des enfants et au sien propre.

# 11

A son retour de Paris, Pierre convoqua Miguel et lui annonça qu'il avait téléphoné au collège Regnard, cet après-midi même, pour se renseigner sur la possibilité d'y inscrire Frédéric et Amalia. Afin de mettre toutes les chances de son côté, il s'était recommandé de ses amis Parcellier, dont les deux fils faisaient leurs études dans le même établissement.

— Je dois aller présenter Amalia et Frédéric demain au directeur, dit-il. Il leur fera subir un petit examen de passage dont je suis sûr qu'ils se tireront bien.

Miguel opina de la tête. Mais Pierre eut l'impression que le jardinier n'avait pas très bien compris la portée de l'événement. Sans s'attarder davantage à la lui expliquer, il appela les enfants pour les mettre au courant des dernières dispositions concernant leurs études. Amalia afficha une joie vaniteuse en apprenant qu'elle allait entrer dans une école aussi chic. Confiant dans l'enthousiasme de sa sœur, Frédéric, lui aussi, se réjouit du changement. Quand Pierre lui dit que tous les élèves du collège portaient un uniforme, son regard s'enflamma :

— Un vrai uniforme ? Comme les soldats ?

Pierre le détrompa, mais Frédéric n'en resta pas moins persuadé qu'une nouvelle vie, scintillante et virile, s'ouvrait devant ses pas. Depuis la veille, considérant que tout danger était écarté, le médecin l'avait autorisé à se baigner de nouveau. La journée avait été très chaude. Malgré l'heure tardive, Pierre proposa de « piquer une tête » dans la piscine. Les enfants le suivirent avec des cris d'allégresse. Tous trois jouèrent au ballon dans l'eau, tandis que Miguel tondait le gazon de la pelouse voisine. Ce bourdonnement méthodique ne gênait pas leurs ébats.

Après le dîner, qu'ils prirent avec leur père, Frédéric et Amalia vinrent retrouver Pierre pour la séance de télévision, dans le bureau. Le temps d'avaler quelques images, et Pierre envoya les enfants se coucher. Un quart d'heure plus tard, il monta lui-même pour leur souhaiter une bonne nuit. Ce baiser rituel du soir, à qui était-il le plus nécessaire ? A eux ou à lui ? Il se le demanda en les embrassant l'un après l'autre, chacun dans son lit, entouré de ses jouets, avec, dans le regard, le même appétit de tendresse. Friquette, insolemment installée tout contre Frédéric, sur la couverture, eut droit, elle aussi, à sa dernière caresse de la journée. Soulevé sur un coude, Frédéric murmura :

— Quand je serai pensionnaire là-bas, je ne vous verrai que le samedi et le dimanche !

— Oui, dit Pierre, mais tu auras de si bons camarades au collège que la semaine passera vite !

— Et ma Friquette, qui s'en occupera ?

— Moi.

— Vous partez toute la journée !

— Eh bien, elle m'attendra. Elle gardera la maison. Elle ne sera pas malheureuse !

— Et elle dormira avec qui ?

— Avec moi, évidemment. Tu sais bien qu'elle fait partie de la famille !

Frédéric ferma les yeux de bonheur. Son rêve avait déjà commencé. Pierre éteignit la lumière et sortit de la chambre.

Le lendemain matin, il fit monter Amalia et Frédéric en voiture pour les conduire à Fontainebleau. Dès la veille, il avait pris ses précautions au cabinet dentaire pour se libérer jusqu'à midi. Un moment, il avait pensé emmener aussi Miguel, mais il craignait que le jardinier ne produisît une mauvaise impression par sa rudesse et sa simplicité sur le directeur d'un établissement de haute volée. En orientant le rétroviseur, il aperçut Amalia et Frédéric assis, côte à côte, sur la banquette arrière. Vêtue de son inévitable robe prune à dessins roses, la fillette paraissait crispée à la perspective de l'examen. Le garçon, en revanche, affalé sur son siège, était visiblement inconscient de ce qui allait suivre. Le regard fixé sur la route qui se dévidait devant lui, il devait songer à des histoires de cow-boys, entourés de bulles parlantes.

Le collège Regnard étirait ses quatre bâtiments à deux étages dans un parc ombreux et bien entretenu. Les élèves étant en vacances, cette vaste propriété semblait abandonnée. Le directeur reçut ses visiteurs dans son bureau avec beaucoup de courtoisie. Toutefois, en apprenant qu'Amalia et Frédéric étaient la fille et le fils d'un employé de Pierre, il marqua une légère surprise. Son visage glabre parut se resserrer sous un jet de citron. Pour emporter la décision, Pierre dit avec vigueur :

— Je m'intéresse de très près à ces enfants. Voici quelques mois, ils ont perdu leur mère, qui était également à mon service depuis dix ans. J'ai décidé de les aider au maximum dans leurs études...

Tout en parlant, il devinait l'émotion d'Amalia, assise au bord d'une chaise, à sa droite. Il lui glissa un regard oblique. Elle avait une expression étrange, faite de honte et d'orgueil, de gratitude et de rancune. A côté d'elle, Frédéric béait, confondu par la solennité de la scène. Quand Pierre eut fini de vanter les qualités de ses protégés, le directeur le pria de passer dans la pièce voisine pendant qu'il interrogeait les enfants.

Pierre attendit le verdict dans une antichambre garnie de dessins puérils et de diplômes sous verre. Au bout d'un long moment, la porte se rouvrit et, à l'invitation du directeur, il rentra dans le bureau.

Il y trouva une Amalia radieuse et un Frédéric penaud. Rien qu'à les voir, il devina le résultat. Consultant ses notes, le directeur déclara que, pour Amalia, l'examen avait été concluant : français, mathématiques, connaissances générales, tout était d'un niveau exceptionnel. Mlle Amalia Alvares était admise en quatrième, au collège Regnard. Pour son frère, hélas ! il en allait autrement.

— Nous commençons à la sixième, ici, expliqua le directeur. Cependant, la classe est d'un niveau trop élevé pour ce garçon. Il est très en retard. Il ne pourrait pas suivre. Et, à la traîne de ses camarades, il finirait par se décourager tout à fait. Je vous conseille de lui faire redoubler sa septième à Milly.

L'année prochaine, il sera prêt et vous me le ramènerez.

Frédéric courbait l'échine sous le poids de son indignité. Pierre essaya de fléchir l'intransigeance du directeur en parlant d'un rattrapage possible grâce à des leçons particulières ; il se heurta à un refus poli. La déconvenue du garçon le désolait au point qu'il en voulait presque à Amalia d'avoir réussi là où son frère avait échoué. Mais, après tout, n'y avait-il pas un avantage dans cet insuccès scolaire ? Refusé au collège, Frédéric continuerait à vivre, comme par le passé, à la maison. Cette idée pénétra l'esprit de Pierre si inopinément et si profondément qu'il en conçut une joie secrète. Il se pencha sur les documents que lui tendait son interlocuteur. Pour l'inscription d'Amalia, il fallait l'accord du père. Pierre se chargea de retourner les papiers signés par Miguel dans les plus brefs délais. On procéda aux dernières formalités, avec un chèque d'acompte à l'appui. Le directeur remit à Pierre le règlement photocopié du collège, la liste des professeurs, celle des activités annexes — sports, arts d'agrément —, celle des livres et des cahiers indispensables, ainsi que la description du trousseau à prévoir pour la rentrée. L'uniforme, identique pour les garçons et les filles, se composait d'un blazer bleu marine à écusson et d'un pantalon ou d'une jupe gris fer. On pouvait se les procurer dans un grand magasin de Fontainebleau ou à Paris.

Au moment de remonter en voiture, Pierre s'aperçut qu'il n'avait pas encore félicité Amalia.

— Alors, toi qui avais peur, tu vois que tu y es arrivée ! dit-il. C'est bien, c'est très bien...

Mais, tout en parlant, il regardait Frédéric. La bouche entrouverte sur une respiration saccadée, le garçon semblait incapable de faire un pas de plus. De lourdes larmes, débordant de ses yeux, coulaient sur ses joues. De temps à autre, il les essuyait d'un revers du poignet.

— Allons, Frédéric, sois raisonnable, dit Pierre. Le directeur t'a bien expliqué : tu serais perdu en sixième, tu ne pourrais pas suivre, tes copains se moqueraient de toi. Et puis, avec moi, tu n'es pas si malheureux !

— Non, monsieur. Mais ma sœur, alors ?

— Ta sœur a deux ans de plus que toi. D'ailleurs, c'est une fille. Tu verras, si tu fais un effort en classe, toutes les portes s'ouvriront devant toi. En route ! Puisque j'ai ma matinée libre, je vous emmène acheter le trousseau.

Dans le grand magasin de Fontainebleau où ils se rendirent selon les indications du directeur, la vendeuse, qui avait l'habitude, s'empara de la liste et alla chercher les articles. On commença par les vêtements de dessous, rayon fillettes. Le trousseau comprenait aussi un survêtement de sport, blouson et pantalon bleu molletonnés, dont la seule vue plongea Frédéric dans un abîme d'admiration. Puis on passa à l'uniforme. Celui-ci, d'une sobriété toute britannique, déconcerta d'abord Amalia. Elle avait espéré une tenue plus flatteuse. Mais, quand elle l'eut revêtu, elle changea d'avis. Elle se pavanait devant la glace, les épaules dégagées, les hanches pivotantes, et Pierre, dans son for intérieur, critiquait ses mines. Elle eût volontiers gardé l'uniforme sur elle pour rentrer à la maison, mais il lui déconseilla de le faire : la saison, dit-il, ne s'y prêtait pas.

— Votre père a raison, mademoiselle, dit la vendeuse d'un air amusé. Il fait un peu lourd aujourd'hui...

Pierre ne sourcilla pas. Se pouvait-il qu'on le prît pour le père d'Amalia et de Frédéric ? La fillette sourit. Ils échangèrent un regard complice. Elle retourna dans la cabine pour se changer et en ressortit dans sa robe prune. Assis sur une chaise, Frédéric observait sa sœur d'un air hébété, malheureux. Comme la vendeuse les invitait à la suivre pour passer à la caisse, Pierre lui dit :

— Ce n'est pas fini, mademoiselle. Montrez-moi un blazer bleu et un pantalon gris pour ce jeune homme.

Piquée, Amalia dressa le menton et murmura :

— Mais, lui, il ne va pas en pension, monsieur ! Il n'a pas besoin d'uniforme !

— Il a besoin d'une veste et d'un pantalon, dit Pierre. Il a trop grandi : rien ne lui va plus.

— Si vous voulez me suivre, dit la vendeuse, nous allons passer au rayon garçonnets.

Tout le groupe se dirigea vers le fond du magasin. Amalia venait en dernier, offensée. Chemin faisant, Pierre dit à la vendeuse qui les précédait :

— Vous lui donnerez aussi des slips, des gilets de corps, comme il est prévu sur la liste, et un survêtement.

— Un survêtement ? hurla Frédéric. Ouah ! Le même qu'Amalia ?

— Ne choisissez pas une taille trop juste, mademoiselle, reprit Pierre, il est en pleine croissance.

Amalia ravala sa bile. Elle en avait pâli. Quant à Frédéric, régénéré, illuminé, il balbutia :

— Monsieur, est-ce que je pourrais avoir aussi l'écusson ?

— Tu n'as pas le droit ! s'écria Amalia, le regard flamboyant.

— Mais si, dit Pierre. Comme ça, il l'aura pour l'année prochaine, quand il sera en pension !

La fillette se mordit les lèvres. Cependant, le plaisir d'être habillée de neuf l'emporta bientôt chez elle sur le dépit de ne pas être seule à profiter de cette prérogative. En ressortant du magasin, elle avait un visage de jeune fiancée. Couronne en tête, elle était éclairée par son avenir. Frédéric lui-même paraissait avoir digéré sa défaite.

Pierre les ramena à *La Buissonnerie*, alla trouver Miguel, qui binait la terre autour des dahlias, et lui annonça, tout à trac, que sa fille était reçue et son fils recalé. Le jardinier accueillit cette double nouvelle avec indifférence. On ne lui parlait pas de ses enfants mais de petits inconnus. Son travail absorbait toute son attention.

— Vous avez vu, monsieur, dit-il, les taupes sont revenues. Elles vont défoncer toutes les pelouses. Il faut que je m'en occupe, comme l'année dernière.

Surexcitée, Amalia déballa devant lui, sur une table de jardin, les pièces de son trousseau. Frédéric en fit autant. Dès qu'il s'agissait de défaire des paquets, de dénouer des ficelles, il était aux anges. Le goût de la surprise ! Les enfants quêtaient l'étonnement de leur père. Mais décidément Miguel ne voulait rien voir. Cette fois, il ne dit même pas merci à Pierre. Tournant le dos, il s'éloigna d'un pas lourd. Personne ne regretta son départ. Appelée à grands cris, Mme Cousinet approuva les achats mais, semblait-il, à contrecœur.

— Au fait, madame Cousinet, dit Pierre, nous avons commandé au magasin des étiquettes sur ruban avec le nom d'Amalia. Dès qu'elles seront prêtes, il faudra les coudre sur tous les articles du trousseau. Je vous demanderai de vous en occuper.

— Non, je le ferai moi-même ! s'écria la fillette.

— Tu sauras ? demanda Pierre.

— Bien sûr qu'elle saura ! dit Mme Cousinet avec aigreur. Maria lui avait appris à manier l'aiguille. Mais elle le désapprendra vite, dans cette école pour millionnaires !

Habitué de longue date aux réflexions saugrenues de Mme Cousinet, Pierre, cette fois, prit la mouche.

— Vous êtes une très brave femme, madame Cousinet, dit-il. Mais je vous demande, à l'avenir, de surveiller vos paroles qui sont parfois très désobligeantes pour votre entourage !

Soufflée, les yeux en billes, Mme Cousinet balbutia :

— Bien, monsieur.

Pierre atténua son propos par un sourire, remonta en voiture et partit pour Paris. Il y arriva avec une demi-heure de retard sur son premier rendez-vous.

## 12

Finalement, Nicole avait renoncé à sa croisière en Grèce et, cédant aux instances des Harteville, était allée seule au Pyla. Elle en revint au début de septembre. Pierre la revit chez elle, bronzée, amincie, conciliante. Ils firent l'amour amicalement. Elle était enchantée de son séjour et lui demanda comment il avait passé son mois d'août.

— On ne peut mieux ! dit-il. Je me suis reposé, je me suis baigné, j'ai lu...

— Et Frédéric ? dit-elle avec une pointe d'acidité dans la voix.

— Il va tout à fait bien. Sais-tu si les Parcellier sont rentrés de vacances ?

— Je crois que oui.

— Il faut absolument que je les invite à déjeuner, un dimanche, à la maison. C'est grâce à eux que j'ai pu placer la fille de Maria au collège Regnard. Tu viendras aussi, j'espère. Et je demanderai à Bernard... Ce sera sympathique !

— Très, dit-elle en souriant d'un air ambigu. Je te trouve en pleine forme ! La vie de famille te réussit !

Il ne releva pas ce propos absurde. Au degré de

bonheur où il était parvenu, aucune moquerie ne pouvait l'atteindre.

Dès le lendemain, il téléphona aux Parcellier qui acceptèrent avec joie de se rendre, dimanche prochain, à *La Buissonnerie*, avec leurs deux fils âgés de onze et treize ans. Bernard, qui rentrait tout juste d'un voyage en Autriche, était libre, lui aussi. Quant à Nicole, elle promit de « s'arranger ». Pierre aurait aimé avoir également à sa table les Harteville. Mais ils s'attardaient au Pyla où l'arrière-saison était, paraît-il, merveilleuse.

Restait à convaincre Mme Cousinet de venir exceptionnellement le dimanche pour s'occuper de la cuisine. Pierre lui en parla le soir même, à son retour de Paris. Elle parut intéressée par la proposition. Toute occasion de montrer son savoir-faire l'émoustillait.

— Vous serez combien à table ? demanda-t-elle.

— Neuf, dit Pierre.

— Comment ça ?

— Eh bien, mais comptez vous-même : M. et Mme Parcellier, leurs deux enfants, Mme Devège, M. Changarnier, Frédéric, Amalia et moi-même.

En entendant prononcer les noms de Frédéric et d'Amalia, Mme Cousinet eut un retrait du buste. Elle avait avalé une épingle.

— Ça fait beaucoup de monde, dit-elle sèchement. Je ne sais pas si j'y arriverai toute seule.

— Miguel vous aidera volontiers, si vous le lui demandez, dit Pierre.

— Je préfère que vous le lui demandiez vous-même, monsieur.

Pierre appela Miguel. Apprenant ce qu'on attendait de lui, le jardinier ne parut nullement surpris.

Il donnait déjà un coup de main au service, « du temps de Maria », quand il y avait des invités. Bien que déçue par la docilité de Miguel, Mme Cousinet domina son humeur. On discuta du menu.

Avec les quatre enfants qui jouaient au ballon dans la piscine, il ne pouvait être question de nager correctement. Ils piaillaient et s'aspergeaient, divisés en deux camps, Jean-Claude et Bruno Parcellier opposés à Frédéric et à Amalia. Bientôt, Armand Parcellier, sa femme, Bernard et Pierre se joignirent à eux pour corser le match de water-polo. Seule Nicole, impavide, tentait quelques mouvements de crawl à l'autre extrémité du bassin. Elle avait paru surprise que les enfants du jardinier fussent de la partie. Une phrase glissée à Pierre, en passant : « Tu leur as permis ? » « Mais oui, avait-il répondu. C'est pour eux que j'ai invité Jean-Claude et Bruno. » Elle n'avait plus insisté. Friquette et Balthasar, installés côte à côte sur la margelle, observaient avec intérêt les ébats aquatiques des humains.

Après la baignade, on prit l'apéritif, tous ensemble, sous un parasol, au bord de la piscine. Ce fut Miguel qui apporta les bouteilles, les verres, le seau à glace. Il avait mis sa veste blanche. Emergeant de ce vêtement neigeux, son rude visage et ses grandes mains avaient la couleur de la terre cuite. Il agissait tel un automate, sans regarder personne. Surtout pas son fils et sa fille, assis dans l'herbe entre les deux petits invités. Tout en participant à la conversation, Pierre observait les enfants et se réjouissait de leur bonne entente. Nul ostracisme, nulle gêne. Ils bavardaient entre eux, comme s'ils étaient de vieilles connaissances.

Plus tard, à table, il eut le plaisir de constater que Frédéric et Amalia se tenaient mieux que Jean-Claude et Bruno, lesquels se chamaillaient, coupaient la parole aux grandes personnes et mangeaient courbés sur leur assiette. En vérité, c'étaient les seconds qui auraient pu passer pour les enfants du jardinier. La qualité de l'âme ne dépendait pas de la naissance. Mme Cousinet faisait le service, aidée par Miguel, qui demeurait en retrait. Quand elle présentait le plat à Amalia et à Frédéric, elle avait un air d'obligation douloureuse. La fillette la remerciait d'un sourire confus et, parfois, aidait son frère à prendre un morceau. Miguel s'approcha de lui avec la saucière et Frédéric dit à voix basse :

— Merci, papa.

Une lueur farouche passa dans les yeux de Miguel et il retourna dans la cuisine.

Après le repas, Pierre emmena ses amis au golf de Fontainebleau, tandis que les quatre enfants s'installaient dans la salle de billard, devant le train en miniature. Sur le terrain, Nicole le prit à part, entre deux coups, et lui dit :

— C'est évidemment très triste, ces deux gosses qui ont perdu leur mère. Mais tu ne crois pas que tu en fais un peu trop avec eux ?

— Que veux-tu dire ?

— Je trouve que... enfin... leur permettre d'être avec nous à la piscine, à table...

Il ne savait que répondre. Soudain, à son insu, les mots jaillirent de sa bouche :

— Suzanne en aurait fait autant !

Il avait prononcé cette phrase d'un ton net pour briser toute nouvelle remarque sur le sujet. En se rangeant derrière Suzanne, il était sûr de décourager Nicole et même de la blesser un peu. Elle accusa le choc d'un imperceptible raidissement de la nuque. Une moue sans joie crispa ses lèvres et elle s'éloigna de Pierre pour rejoindre les autres joueurs. Agacé par l'incident, il ne put se concentrer et fit un mauvais parcours.

En fin d'après-midi, toute la compagnie revint à *La Buissonnerie*. Ils trouvèrent les enfants vautrés qui dans un fauteuil, qui sur le tapis, devant la télévision. Le train n'intéressait plus personne. Les Parcellier repartirent pour Paris avec leurs fils. Bernard prit congé à son tour. Nicole espérait visiblement que Pierre l'inviterait à rester pour la nuit. Il ne le fit pas. Elle s'était d'elle-même exclue de la maison. A huit heures, elle s'écria qu'il était bien tard, qu'il fallait absolument qu'elle reprît la route, que des amis l'attendaient à Paris. Il la raccompagna jusqu'à sa voiture. Assise au volant, elle sourit tristement et dit :

— Tu as passé une bien mauvaise journée.

— Pas du tout. Pourquoi ?

— Nous t'avons envahi, nous t'avons bousculé, alors que tu n'aimes rien tant que d'être seul. Quand te reverrai-je ?

— Bientôt !

— Ailleurs qu'à *La Buissonnerie*, je suppose !

— Oui.

— J'attends ton coup de téléphone.

— C'est ça. Je t'appelle...

Il l'embrassa par habitude. Frédéric et Amalia, debout dans l'allée, les regardaient. La voiture s'éloigna. Mme Cousinet s'affairait à ranger la nombreuse vaisselle de la journée.

— Laissez donc ! lui dit Pierre. Vous avez eu tellement à faire aujourd'hui ! Vous finirez demain.

— Non, non, monsieur, répondit Mme Cousinet. Je n'aime pas partir avec du désordre derrière moi. Je n'en ai plus pour longtemps.

Et, malgré les protestations de Pierre, elle voulut encore lui servir son dîner froid. Il s'installa, comme chaque dimanche soir, dans la cuisine.

— Votre déjeuner était excellent, dit-il. Mes amis ont été enchantés.

— J'en suis bien contente, monsieur ! dit-elle. En tout cas, Frédéric et Amalia n'ont jamais été à pareille fête, les pauvres petits !

Sa réussite culinaire la rendait aimable. Pierre songea que, sous son habituel bougonnement, elle cachait un attachement sincère aux enfants et à lui-même. Au fond de son cœur, quoi qu'elle en dît, elle approuvait tout ce qu'il faisait pour eux. D'ailleurs, n'était-ce pas elle qui lui avait suggéré naguère de garder Miguel à son service au lieu d'engager un couple de gardiens ? Il venait à peine de commencer son repas quand Frédéric et Amalia parurent sur le seuil.

— On peut dîner avec vous, monsieur ? susurra Amalia.

— Mais oui, dit Pierre. Vous avez demandé la permission à votre père ?

— Il n'est pas là.

— Et où est-il ?

— Il est allé à Milly.

Mme Cousinet rajouta deux couverts. Frédéric et Amalia avaient tellement mangé à midi que, ce soir, ils chipotèrent. Ayant expédié le repas, ils aidèrent Mme Cousinet à desservir et à faire la vaisselle. Leur babillage emplissait la cuisine. Ils étaient ravis de leurs nouveaux compagnons de jeu.

— On pourra les inviter encore ? demanda Amalia.

— Bien sûr, dit Pierre.

— Bruno sera avec moi en classe, à la rentrée. Il paraît que le collège Regnard est le meilleur de tous !

Mme Cousinet rangea les dernières assiettes et dit :

— Je m'en vais, monsieur.

— Eh bien, bonne nuit, dit Pierre. Et encore tous mes compliments pour le déjeuner !

Quand elle fut partie, il coucha les enfants et sortit prendre l'air dans le jardin. Un chant rauque l'attira vers la maison de gardien. Assis sur la marche, devant la porte, Miguel fredonnait une mélopée portugaise en tripotant la vieille serrure rouillée qu'il destinait au portail. Sa voix était pâteuse, son regard hébété. Sans doute, lui qui ne buvait jamais de vin, avait-il forcé la dose. Il ne se leva pas à l'approche de Pierre, mais s'arrêta de chanter.

— Ça va, Miguel ? demanda Pierre.

— Très bien, monsieur.

— Qu'est-ce que vous faites ?

— J'essaie de réparer cette bon Dieu de serrure.

— Vous n'étiez pas là pour le dîner.

— Non. J'ai vu des amis.

— Et vous avez bu ?

— Oui.

— Pourquoi ?

Miguel se pencha davantage sur la serrure sans regarder Pierre.

— C'est bon quelquefois, dit-il. Ça aide à oublier, à accepter... Que font mes petits ? Ils dorment ?

— Oui, Miguel.

— Tant mieux... Tant mieux ! bafouilla Miguel.

Et il se remit à chanter. Pierre le quitta et continua sa promenade dans le jardin obscur.

# 13

Avec la reprise des classes, la vie de Pierre changea. Devenue pensionnaire, Amalia ne rentrait plus à la maison qu'en fin de semaine. Les premiers jours, Frédéric parut regretter son absence. Il avait besoin d'elle, malgré les agaceries dont elle l'accablait. Ne recherchait-il pas en elle, inconsciemment, l'appui féminin qui lui manquait depuis la mort de sa mère ? Puis il s'habitua à se passer de cette sœur autoritaire et jalouse. En temps normal, c'était elle qui le houspillait pour se lever, se laver, avaler sa tasse de café au lait, courir à l'école. Maintenant, Frédéric flottait dans l'anarchie. Pierre essayait, tant bien que mal, de rétablir l'ordre, avec l'aide de Mme Cousinet, laquelle, chaque soir, préparait les affaires du garçon pour le lendemain. Lui-même le tirait du lit, le matin, avec une gaieté virile. Ils prenaient leur petit déjeuner et leur dîner ensemble. Et l'heure du coucher les rassemblait encore en un long bavardage rituel. Pierre attendait ces colloques à voix basse, en tête à tête, comme la secrète récompense de sa journée. Après s'être désolé de ne pouvoir entrer avec sa sœur comme pensionnaire au collège Regnard, Frédéric avait vite oublié sa déconvenue et s'était replongé avec passion dans l'univers de ses camarades d'école. Soir après soir, il racontait à Pierre les menus événements de sa vie. Assis à son chevet, Pierre feignait d'être captivé par ces histoires banales de chapardage, de cafardage, de rivalités, de bagarres, qui lui rappelaient ses jeunes années, et, de temps à autre, glissait dans la conversation une information sur l'histoire, la géographie, les mathématiques, susceptible d'enrichir les connaissances du gamin. Frédéric happait ces précisions au vol avec une avidité nouvelle. Il semblait à Pierre que le garçon travaillait mieux, qu'il s'intéressait davantage au monde des adultes. Et il s'attribuait volontiers le mérite de cet éveil. Rien ne lui était plus doux que de voir, pendant qu'il parlait, le regard noir et chaud de l'enfant fixé sur lui avec une confiance exclusive. Devant cet être neuf, il avait l'impression que, quoi qu'il dît, il serait cru. Il était le guide unique, le recours permanent. Puis les paupières de Frédéric battaient, sa tête retombait mollement sur l'oreiller, ses membres déliés s'abandonnaient au sommeil. Et Pierre se retirait pour le laisser seul avec des rêves où il avait peut-être sa place.

Amalia, elle aussi, s'était transformée en quelques jours. La pension lui avait révélé d'emblée les joies de la considération et des amitiés choisies. En la revoyant pour la première fois à *La Buissonnerie*, Pierre avait été frappé de son air supérieur. Elle avait changé de milieu et, pour ainsi dire, d'origine. Après quarante-huit heures passées loin du collège Regnard, elle avait hâte d'y retourner. Le vendredi suivant, Pierre, quittant le cabinet dentaire plus tôt que d'habitude, alla la chercher à Fontainebleau et se retrouva dans le parc, devant le bâtiment central, avec tous les parents qui attendaient. Hommes et femmes avaient cette même allure d'assurance désinvolte et de contentement tranquille que donne la fortune. Les abords de l'établissement étaient convertis en un vaste garage à voitures. Une sonnerie retentit. Garçons et filles s'échappèrent en même temps par toutes les portes ouvertes. Emergeant d'un flot de jeunes énergumènes en uniformes bleus et gris, avec un écusson sur la poitrine, Amalia se jeta au cou de Pierre. C'était la première fois qu'elle manifestait envers lui une telle familiarité. Il y avait de l'ostentation dans son élan. Voulait-elle montrer à ses petites compagnes qu'elle aussi était choyée, aimée, qu'on venait la chercher au collège ?... En trois mots, elle donna à Pierre les dernières nouvelles : elle avait eu de très bonnes notes « en tout », et une amie de classe, Laurette Fernucci, dont le père était fabricant de produits pharmaceutiques, l'avait invitée pour demain, samedi, à une grande réunion chez ses parents, qui habitaient près de Nemours.

— Vous permettez, monsieur ? dit-elle. Bruno et Jean-Claude y seront. Tout le monde ira. Il faut que je donne la réponse tout de suite !

Elle tirait Pierre par la main vers une fillette blonde qui conversait, à deux pas de là, avec sa mère.

Pierre se présenta à Mme Fernucci, remercia pour l'invitation, promit d'emmener Amalia à l'adresse indiquée vers trois heures et de retourner la chercher à sept.

Dès son arrivée à *La Buissonnerie*, Amalia écarta Friquette, qui l'accueillait par des cabrioles, chercha son père dans le jardin et le trouva assis sur une pierre, devant la tondeuse à gazon dont il changeait une lame. A côté de lui, Frédéric et le canard Balthasar le regardaient travailler. Pierre les rejoignit après avoir garé la voiture. Amalia embrassa Miguel avec plus d'emportement que de coutume. Comme si elle avait eu quelque chose à se faire pardonner. En apprenant que sa fille était invitée dans la famille d'une amie de classe, Miguel s'assombrit. Pour le dérider, Amalia lui décrivit avec emphase toutes les joies qui l'attendaient chez les Fernucci :

— Ils ont une grande propriété. Plus grande que la nôtre. Ils ont une forêt où on trouve des champignons. Ils ont un étang avec des carpes. Ils ont des chevaux, des poneys qu'on peut monter...

Imperturbable, Miguel continuait à serrer un écrou avec une clef anglaise. Sans relever le front, il prononça quelques mots en portugais. Amalia se mordit les lèvres et ses yeux s'agrandirent sous un flot de larmes.

— Que dit-il ? demanda Pierre.

— Il dit qu'il ne faut pas que j'y aille, balbutia Amalia. Il dit que tout ça, ce n'est pas pour nous !

Piqué par tant de bêtise, Pierre éclata :

— Qu'est-ce que ça signifie, Miguel ? Vous n'allez pas priver Amalia de ce plaisir !

Miguel demeurait muet, l'œil fixe, les mains occupées. Avait-il seulement entendu ? La poitrine d'Amalia se soulevait par saccades. Elle tapa le sol du talon et s'écria :

— Eh bien, alors, je n'irai pas !... Je resterai ici, toujours !... Je ne verrai plus aucune amie !...

Et brusquement, tournant le dos à son père, elle

se jeta contre Pierre de tout le poids de son chagrin. Il lui caressa les cheveux.

— Calme-toi, Amalia, dit-il. Ton père n'a pas voulu te faire de peine. Simplement, il a peur que tous ces amusements ne te tournent la tête. Mais nous savons, toi et moi, qu'il n'en est rien. Tu vas donc aller chez les Fernucci. Je t'y conduirai, je t'en ramènerai...

Elle écarta les mains de son visage et lui lança un regard de gratitude éperdue. Un regard de grande personne.

— Oui, murmura-t-elle en ravalant un hoquet.

— Et moi, est-ce que je pourrai aller avec ma sœur ? demanda Frédéric.

— Non, trancha-t-elle. Tu es trop petit. D'ailleurs, tu n'es pas invité.

Frédéric, douché, baissa le front. Pierre le plaignit d'être tenu à l'écart de la fête. Il se rappelait ses propres déconvenues d'enfant lorsque ses cousins, plus âgés que lui, le chassaient de leurs jeux.

Le soir, quand Pierre vint embrasser les enfants dans leur lit, Amalia lui chuchota à l'oreille :

— Je n'oublierai jamais, monsieur.

— Quoi donc, Amalia ? demanda-t-il.

— Tout ce que vous faites pour moi !

— Allons ! Allons ! Tu dis des sottises !

Il la baisa sur le front et la laissa dans la lumière de sa lampe de chevet, avec un livre de classe à portée de la main.

Selon son habitude, il resta plus longtemps auprès de Frédéric, qui n'arrivait pas à s'endormir. Le garçon enviait sa sœur, ses amitiés de pension, son âge qui en faisait « presque une grande ». Pierre souriait devant cette hâte de l'enfant à sortir d'un état dont il connaîtrait plus tard, à son tour, l'inguérissable nostalgie. Pour le distraire, il lui raconta, à sa façon, les premiers pas d'un astronaute américain sur la lune. Frédéric s'assoupit avant qu'il n'eût fini son histoire.

Le lendemain, fidèle à son engagement, Pierre conduisit Amalia à Nemours. Elle avait revêtu sa robe prune à dessins roses et voulut savoir ce qu'il en pensait. Bien qu'il trouvât cette robe affreuse, il lui affirma qu'elle avait l'air d'une véritable « gravure de mode ». Elle reçut cette appréciation avec gravité. A son doigt, brillait la bague qu'elle avait gagnée à la foire de Milly.

Chez les Fernucci, Pierre tomba au milieu d'un parc à la française dans un tumulte d'enfants piailleurs, et s'esquiva aussitôt, malgré l'insistance de ses hôtes pour le retenir.

A sept heures, il était de retour pour ramener la fillette à *La Buissonnerie*. M. et Mme Fernucci l'assurèrent qu'elle les avait charmés par sa bonne éducation et la vivacité de ses reparties. Il n'en fut pas surpris. Dans la voiture, Amalia, très agitée, lui demanda :

— Est-ce qu'on ne pourrait pas faire la même chose chez nous ?

Elle avait dit « chez nous » si naturellement que Pierre en fut bouleversé.

— Mais si, murmura-t-il. Pourquoi pas ?

Le temps ayant brusquement fraîchi en ce début d'octobre, la piscine avait été mise hors service et recouverte de sa bâche hivernale. Mais les enfants ne s'en amusaient pas moins à jouer au ballon sur la grande pelouse. Ils étaient une bonne douzaine, tous invités d'Amalia. A l'heure du goûter, Mme Cousinet les fit rentrer dans la maison. Amalia présidait la longue tablée remuante et bruyante. Réfugié dans son bureau, Pierre rédigeait sans conviction un article qu'il avait promis à une revue médicale. Mme Cousinet vint lui annoncer qu'on manquait de jus de fruits.

— Dites à Miguel d'aller en acheter, marmonna-t-il sans lever les yeux de ses papiers.

— Il n'est pas là, dit Mme Cousinet.

— Et où est-il ?

— Au café, sans doute.

— Encore ?

— Eh oui !

— Allez le chercher.

— Ah ! non, monsieur... Miguel, maintenant, il devient méchant avec moi !

— A quel café est-il ?

— Chez Toumazeau, probablement. Vous savez bien, le petit bistrot, là, sur la route, juste avant d'entrer à Milly.

— J'y vais, décida Pierre.

Le café Toumazeau se trouvait à cinq minutes de la maison. Mais Pierre prit la voiture pour s'y rendre. Une salle basse et sombre, enfumée, avec six tables de bois, un comptoir au zinc terni et un bataillon de bouteilles sur des rayons. Une dizaine d'hommes étaient assemblés dans un brouhaha de grosses voix éraillées. L'odeur du tabac et du vin saisissait dès le seuil. Toutes les têtes se tournèrent vers le nouveau venu. Les conversations s'arrêtèrent comme à l'apparition d'un ennemi. A travers ce réseau de regards hostiles, Pierre se dirigea vers le fond de la pièce. Miguel était assis là, le dos en boule, devant un pastis. L'œil vitreux, la mâchoire décrochée, il était arrivé à un tel degré d'hébétude qu'il ne sembla même pas surpris de voir Pierre dressé devant lui, dans la pénombre.

— Vous êtes complètement ivre, dit Pierre d'une voix contenue.

— Oui, monsieur, bredouilla Miguel.

— Vous n'avez pas honte ?

— C'est parce que j'ai honte que je bois.

— Pourquoi n'êtes-vous pas resté à la maison ?

— Il y a les enfants, là... Tous les enfants... C'est mieux qu'ils ne me voient pas...

— Vous êtes absurde. Venez, je vous emmène.

— Je ne peux pas bouger, monsieur.

— Mais si. Appuyez-vous sur moi !

Pierre paya et sortit, soutenant par les épaules un Miguel titubant, qui hoquetait, rotait et répétait à chaque pas : « Salut, la compagnie. » Ayant déversé son fardeau sur le siège de la voiture, il acheta quelques boîtes de jus de fruits à l'épicerie d'en face et reprit le volant. A *La Buissonnerie*, il s'arrêta devant la maison de gardien, guida Miguel jusqu'à sa chambre, le poussa tout d'une masse sur son lit et lui conseilla de rester là pour cuver son alcool. Affalé sur le dos, bras et jambes écartés, le jardinier baragouinait une sorte de litanie où les mots français alternaient avec des mots portugais. De temps à autre, il lâchait un profond soupir qui ressemblait à un gémissement. Pierre le laissa pour retourner auprès de ses jeunes invités, dans la salle à manger pleine d'exclamations et de rires. Devant cette collection de visages puérils, il se dit qu'il n'avait pas de tendresse particulière pour les enfants. Tous de petits singes. Leurs manières brusques, leurs réflexions courtes, leurs instincts égoïstes, leur vanité ingénue l'agaçaient. Seul Frédéric trouvait grâce à ses yeux. Amalia tenait avec orgueil le rôle de maîtresse de maison. Tout, ici, lui appartenait, les murs, les meubles, les tableaux, les tasses, les petites cuillers, le parc, les fleurs, la piscine. Frédéric même était en visite chez elle. Les joues en feu, il s'empiffrait.

Après une dernière tournée de jus de fruits et une razzia sur les gâteaux secs préparés par Mme Cousinet, toute la compagnie retourna sur la pelouse centrale. Comme Friquette courait après les uns et les autres, Amalia l'attacha à un arbre. La chienne geignait, aboyait entre haut et bas, désespérément; devant cette agitation dont elle était exclue. Plus philosophe, le canard se tenait à l'écart et poussait, à intervalles réguliers, un coin-coin de protestation. Des fenêtres de son bureau, Pierre regardait la marmaille jouant au ballon. Subitement, il vit Miguel qui, sorti de sa maison, s'avançait d'une démarche zigzagante vers la pelouse. En une seconde, il imagina le désarroi des enfants devant cet homme pris de boisson. Bondissant de son fauteuil, il se précipita dans le jardin pour éviter un esclandre. Quand il arriva sur les lieux, Miguel, hirsute, débraillé, la tête balancée dans un mouvement spasmodique, haranguait l'assistance en portugais. Tous le considéraient avec stupeur. Frédéric, effrayé, se réfugia dans les jambes de Pierre.

— Qui est-ce ? demanda un garçon en désignant Miguel du doigt.

Amalia fit un pas en avant et, dressant la tête dans un mouvement de défi, à la fois hautaine et humiliée, le regard étincelant à travers un voile de larmes, dit :

— C'est mon père.

Pierre saisit Miguel par le bras et l'entraîna rudement :

— Vous êtes fou ? Qu'est-ce qui vous a pris ?

Amalia marchait auprès de lui, de l'autre côté. Elle suppliait :

— Papa, papa, tu n'es pas bien ? Réponds !

Miguel s'arrêta devant un arbre, appuya sa tête contre le tronc et vomit.

— Excusez-le, monsieur, dit Amalia.

Et elle prit un mouchoir dans la poche de son père pour lui essuyer la bouche.

— Je vais le ramener à la maison, dit-elle encore. Il faut qu'il se couche.

Pierre l'aida à soutenir Miguel pendant le trajet et à l'étendre sur le lit. Penchée sur son père, elle lui dit quelques mots en portugais. Il parut remonter à la surface. Un sourire baveux écarta ses lèvres.

On alla chercher Mme Cousinet pour s'occuper du malade. Elle poussa des clameurs de prophétesse : il fallait s'y attendre, elle l'avait bien dit, si on l'avait écoutée davantage... De retour dans son bureau, Pierre se posta de nouveau à la fenêtre. Amalia ne revint pas auprès des enfants. Ils s'étaient remis à jouer au ballon. Frédéric, pris par la fièvre de la partie, courait, riait, criait. Il avait oublié l'incident. Friquette s'étranglait en tirant sur sa laisse. Enfin, fatiguée de se débattre et d'aboyer en vain, elle se coucha, punie et boudeuse, le nez dans les pattes. Le canard Balthasar, chassé par le tohu-bohu, s'était, lui, réfugié sur la couverture de la piscine. Etonné de sa situation inconfortable sur cette toile élastique, il regardait autour de lui d'un œil perplexe. Puis, soudain, il s'installa de tout son poids et laissa la fraîcheur de l'eau lui caresser le ventre par-dessous. Le ciel s'assombrissait déjà lorsque les parents arrivèrent, les uns après les autres, pour chercher leur progéniture.

Le soir, Pierre se retrouva seul à table avec Frédéric. Amalia avait voulu demeurer auprès de son père. Mme Cousinet s'était éclipsée après avoir préparé le repas : jambon à l'os et salade de pommes de terre.

— Qu'est-ce qu'il a, mon père ? demanda Frédéric. Il est malade ?

— Oui, dit Pierre.

— Il faut peut-être que j'aille là-bas, avec ma sœur...

— Non, reste ici. Parle-moi de ta journée.

Ainsi sollicité, Frédéric passa instantanément de l'inquiétude à la joie. Encore tout exalté par le souvenir des heures tumultueuses qu'il avait vécues, il commenta pour Pierre les phases du match de football qui avait opposé les garçons aux filles. Les garçons avaient gagné. Il en était très fier. Certains étaient déjà, disait-il, ses « amis ». Après avoir avalé une banane, il sauta de sa chaise et demanda :

— Je peux aller voir la télé ?

— Non, dit Pierre. Tu t'es amusé toute la journée. Cela suffit. Va te coucher !

Il aimait affirmer son autorité devant cet enfant malléable. La docilité de Frédéric n'était pas, pensait-il, le signe d'un manque de caractère, mais une preuve d'amour, de respect et de raison. A peine le garçon l'eut-il quitté pour monter, en rognonnant, dans sa chambre qu'Amalia reparut dans la cuisine.

— Comment va ton père ? demanda Pierre.

— Il s'est endormi, monsieur.

— Tu n'as pas dîné, sans doute. Assieds-toi. Il reste du jambon, des pommes de terre.

— Merci, monsieur. Je n'ai pas faim.

Elle desservit la table et se mit à laver la vaisselle. Sans s'arrêter de travailler, elle dit :

— Je ne retournerai pas lundi au collège, monsieur.

— Pourquoi ?

— Je ne peux plus y aller, à cause de mon père.

— Qu'est-ce que tu me chantes là ? Tu dois penser à tes études, un point c'est tout !

— Après ce qui s'est passé !...

— Tout le monde a le droit d'être malade.

Elle pivota sur ses talons et il aperçut son visage contracté par la rancune et la honte :

— Mes camarades ont vu... Ils ont vu mon père... Il a vomi devant eux... C'est horrible !... Si je reviens à l'école, on se moquera de moi, de... de lui...

Elle se mit à pleurer. Son menton bougeait par petites secousses. Ses lèvres tremblaient, se mouillaient. Son nez se gonflait d'eau.

— Personne ne se moquera de toi, ni de lui, dit Pierre. Je te parie même que tous tes petits amis auront gardé un excellent souvenir de cette journée. Les histoires de grandes personnes n'intéressent pas les enfants. Toi aussi, tu oublieras très vite. Frédéric est déjà couché. Tu vas en faire autant. Et lundi, je te conduirai au collège, comme d'habitude.

Elle renifla, malade de déshonneur, assoiffée de tendresse. Il lui caressa la joue du revers de la main et murmura :

— La meilleure réponse que tu puisses faire, dans la vie, aux méchantes langues, c'est d'être la première en tout.

A ces mots, les yeux d'Amalia brillèrent d'un feu humide.

— Oui, oui. Je serai la première en tout ! dit-elle soudain avec une fureur allègre.

Et elle ajouta plus doucement :

— Vous viendrez me dire bonsoir dans mon lit, monsieur ?

— Bien sûr, dit-il. Mais dépêche-toi !

Il laissa s'écouler un temps raisonnable et monta à l'étage des chambres. Adossée à ses oreillers, la fillette avait le sourire. Sa prestation de serment lui avait redonné du cœur.

— Vous avez vu ? dit-elle. J'ai changé les meubles de place. La table est mieux comme ça, près de la fenêtre, vous ne trouvez pas ?

— Si, dit-il. Tu aimes ta chambre ?

— Oh ! oui, monsieur... Elle est... elle est magnifique !... Là-bas, quand j'étais avec Frédéric, c'était moins bien !

Il l'embrassa, ressortit sur le palier et s'approcha, sur la pointe des pieds, de la chambre du garçon. Craignant de le réveiller, il ouvrit la porte avec précaution et passa la tête par l'entrebâillement. La lampe de chevet était allumée.

Couché, les yeux ouverts, Frédéric serrait dans ses bras une Friquette flasque, désossée, réduite à l'état de peluche.

— Tu ne dors pas encore ? dit Pierre.

— Je vous attendais, monsieur.

Cette formule banale le toucha. Frédéric « l'attendait » pour tout : pour dormir, pour se mettre à table, pour s'amuser... Jamais Pierre ne s'était senti plus indispensable. Un flot de douceur l'envahit. Il cabra son esprit pour réagir contre cette faiblesse. De ses cinq doigts crispés, il frictionna le crâne de l'enfant. Frédéric riait aux éclats, la tête balancée sous cette rude caresse. Son visage était un soleil de joie. Pierre s'en remplit le cœur, baisa le garçon sur le front et gagna sa chambre.

Après avoir fait sa toilette et enfilé son pyjama, il se campa devant la fenêtre ouverte pour respirer l'air de la nuit. Soudain, abaissant les yeux, il discerna une silhouette debout, dans l'ombre, devant le perron. Il laissa passer quelques minutes. L'homme ne bougeait pas, silencieux, pétrifié. Qu'attendait-il ? Pierre descendit et alluma la lanterne de l'entrée. Dans la nappe de clarté blanche, Miguel apparut, comme un animal ébloui par les phares d'une voiture. Il clignait les yeux. Ses bras pendaient. Pierre ouvrit la porte et demanda d'un ton bref :

— Eh bien, Miguel, que voulez-vous ?

— Rien, monsieur, dit Miguel. Je regardais la maison.

Sa voix avait retrouvé son timbre normal. Il paraissait tout à fait dégrisé.

— Retournez vous coucher, dit Pierre

— Oui, monsieur. Mes enfants vont bien ?

— Très bien. Malgré votre sortie insensée de cet après-midi. Je comprends qu'un homme puisse se laisser aller parfois à boire un coup de trop. Mais, si cela doit devenir chez vous une habitude, je vous préviens, je ne le tolérerai pas. Au besoin, je me séparerai de vous !

Pierre avait jugé utile de fulminer pour effrayer son interlocuteur et le ramener ainsi à la raison, mais celui-ci ne parut nullement alarmé par la perspective d'un licenciement. Renfermé en lui-même, obtus, compact, il se taisait et dirigeait sur Pierre un regard étrange. Devant ce silence qui se prolongeait, Pierre fut saisi de panique. Et si Miguel le prenait au mot, s'il s'en allait avec les enfants ? La menace que Pierre avait imprudemment lancée se retournait contre lui. Croyant dominer cet homme, il devenait son prisonnier. A présent, il s'agissait de se rétracter sans perdre la face. Furieux, embarrassé, craignant pour l'avenir de Frédéric et d'Amalia, il grommela :

— Allons, Miguel, comprenez-moi : je vous demande simplement de vous ressaisir, de vous maîtriser. Vous n'avez jamais été porté sur la bouteille. Vous n'allez pas commencer aujourd'hui ! Je vous parle autant dans votre intérêt que dans celui de vos enfants. Rentrez chez vous. Bonne nuit !

Il coupa la lumière du perron, referma la porte et remonta dans sa chambre. Au bout d'un moment, il revint vers la fenêtre et scruta les ténèbres du jardin. Miguel était toujours là, planté devant la maison, comme un grimpeur au pied d'une paroi à escalader. De nouveau, Pierre éprouva, vis-à-vis de cet obstiné, un vague sentiment de crainte. Il avait éteint toutes les lampes derrière lui pour faire croire qu'il s'était endormi. Mais, les prunelles écarquillées dans l'ombre, il veillait, il guettait. Son dos se fatiguait dans cette attitude tendue. Des lucioles d'or piquaient ses yeux. Il retenait son souffle, comme si l'autre avait pu l'entendre. Parfois, il consultait sa montre au cadran phosphorescent. Le face à face durait depuis plus d'une heure quand Miguel enfin s'éloigna. Son pas hésitant fit crisser le gravier de l'allée.

## 14

La montre du tableau de bord marquait dix heures vingt lorsque Pierre, conduisant sa voiture, quitta l'autoroute à Corbeil-Sud pour prendre la direction de Milly. Somme toute, il était satisfait de sa soirée. A la réunion, cet après-midi, de la société odontologique de Paris dans un grand hôtel, son exposé sur la chirurgie gingivale avait été très apprécié de l'auditoire. Après la séance, plusieurs de ses confrères l'avaient félicité et avaient insisté pour recevoir le texte de son allocution. Un cocktail avait suivi dans les salons voisins. Le verre à la main, il s'était un peu attardé à bavarder avec deux chirurgiens-dentistes américains. Maintenant, il lui semblait qu'une force élastique le tirait, à travers la nuit, vers *La Buissonnerie*. Prévoyant qu'il rentrerait tard, il avait demandé à Mme Cousinet d'attendre son retour pour que Frédéric ne restât pas seul à la maison.

Le portail du jardin était fermé à clef. Il l'ouvrit, le referma derrière lui et, reprenant le volant, roula dans l'allée à travers le sommeil vertical des arbres. Dans la maison de Miguel, tout était noir, tout dormait. Mais, chose curieuse, dans la grande maison aussi les fenêtres étaient éteintes. Pourtant, Mme Cousinet devait se trouver en bas, devant la télévision. Ayant rangé l'auto dans le garage, Pierre pénétra dans le bureau et alluma les lampes. Personne. Il grimpa l'escalier quatre à quatre. La première chambre, sur le palier, était celle d'Amalia : une chambre déserte, puisque, dans la semaine, la fillette couchait à la pension. A côté, reposait Frédéric. Pierre tourna le bouton de la porte. Elle grinça sur ses gonds. Coupant l'obscurité de la pièce, un rai lumineux, venu de l'escalier, éclairait vaguement le lit. Un lit plat et net. Un lit vide. Pierre alluma l'électricité pour se convaincre qu'il ne se trompait pas. Puis, stupéfait, il redescendit dans le bureau. Là, il découvrit, sur la table, un papier rectangulaire appuyé contre le téléphone. Il reconnut l'écriture de Mme Cousinet : *Comme vous me l'aviez demandé, j'ai fait dîner Frédéric, mais, quand j'ai voulu le mettre au lit, Miguel est venu le chercher. Il est parti chez son père. Alors, moi aussi je suis partie. A demain, monsieur. Meilleurs sentiments — Mme Cousinet.* Sans doute Miguel avait-il profité de l'absence de Pierre pour prendre l'enfant chez lui. Pierre décida de ramener Frédéric à la maison, si l'enfant n'était pas encore couché. Dominant son mécontentement, il se dirigea, d'un grand pas, vers le pavillon de gardien. La porte était ouverte. Il entra. Les ténèbres, le silence, l'odeur des oignons frits. Il n'était plus en France. La chambre principale béait devant ses yeux. Il chercha à tâtons le commutateur. La lumière jaillit : un campement de bohémien, le lit défait, des vêtements en boule par terre, la cuvette du lavabo pleine d'une eau savonneuse, et c'est tout. Pris d'anxiété, Pierre passa dans l'ancienne chambre des enfants. Elle avait été transformée en débarras. Des clayettes, chargées de bulbes de fleurs, étaient disposées sur le sol carrelé, sur des chaises, sur le rebord de la fenêtre. Au milieu de ce désordre, pas de Frédéric, pas de Friquette.

Refusant de céder à l'affolement, Pierre conclut qu'il lui fallait d'abord remettre la main sur Miguel. L'idée lui vint de se rendre directement chez Toumazeau. Cette fois, comme le café était tout près, il y alla à pied. Il craignait que l'établissement ne fût déjà fermé. Mais il aperçut de loin la lumière jaunâtre de la vitrine. Deux clients attardés bavardaient avec le patron, devant le comptoir. La patronne rangeait des bouteilles dans un placard. Au fond de la salle, à sa place habituelle, Miguel, effondré, la lippe pendante, tournait un verre entre ses doigts. A ses côtés, Frédéric avait couché sa tête sur la table dans son bras replié. Il dormait profondément. Friquette était roulée en boule marron à ses pieds. Elle frétilla de la queue, se dressa et s'assit sur son derrière, les oreilles collées, le regard peureux. A la vue de Frédéric, Pierre éprouva un sentiment complexe de soulagement et de colère. Alors qu'il s'efforçait d'élever cet enfant, Miguel le tirait stupidement vers le bas. Marchant droit sur le jardinier, il se planta devant lui et dit à voix basse, entre ses dents :

— Pourquoi avez-vous amené Frédéric au café ? Vous perdez la tête ? Ce petit va à l'école demain !...

L'œil vide, le menton luisant, Miguel aspira le fond de son verre, gonfla les joues, éructa grassement et laissa retomber sa tête sur la poitrine sans prononcer un mot. Le patron se rapprocha et intervint :

— Emmenez-le, monsieur. Il est là depuis deux heures. Si on le touche, il se fâche, il menace de cogner. Il a voulu que je serve du vin au petit. J'ai refusé. On lui a donné de l'orangeade. Là, il s'est endormi, le pauvre. Mais pour Miguel, on ne sait plus quoi faire. C'est difficile de dire non à un client. Il va se bousiller la santé à boire comme ça !

— Que voulez-vous, monsieur, renchérit la patronne, il n'est plus le même depuis la mort de cette pauvre Maria. Un tel malheur, ça vous met la cervelle à l'envers. Il ne venait jamais avant. Et c'est un si brave homme ! Honnête, travailleur et tout. Il nous en raconte des choses sur sa femme, sur ses enfants, sur vous, qui êtes si bon pour eux...

— Je vous remercie, dit Pierre. Je vous dois combien ?

— Laissez, monsieur. Miguel nous réglera à l'occasion.

— Non, non...

Il paya les consommations et secoua Miguel par l'épaule. Une lueur d'intelligence passa dans le regard du jardinier.

— Vous en faites pas, monsieur, bafouilla-t-il. Je le finirai, le mur !

— Je me moque bien de votre mur ! gronda Pierre. Allons, debout ! Nous rentrons !

— Oui, monsieur.

Au bruit que fit Miguel en repoussant sa chaise, Frédéric se réveilla. Un sourire ensommeillé flotta sur ses lèvres :

— Ah ! c'est vous, monsieur...

Le patron et la patronne s'écartèrent pour dégager le passage.

— Salut, Miguel, dit le patron. Bon retour !

En se mettant debout, les deux poings appuyés sur la table, Miguel fit tomber son verre, qui se brisa.

— Ce n'est rien, dit la patronne.

Miguel chancelait. Dehors, il repoussa Pierre qui voulait le soutenir. Le grand air parut le dégriser. Il eut un regard de haine sournoise, désespérée et murmura :

— Qu'est-ce que vous croyez ?... Je peux très bien... tout seul...

Il partit devant, d'un pas mou et zigzagant. Pierre le suivit, tenant Frédéric par la main. L'enfant marchait en dormant. Ses pieds raclaient le sol. Sa tête pendait. Collée contre sa jambe, Friquette avançait au même rythme que lui. A trois reprises, Pierre crut que le jardinier allait tomber. Mais, chaque fois, Miguel se rattrapa en s'appuyant de l'épaule au mur d'une maison, s'en détacha, se balança d'avant en arrière et continua son chemin, le cou tendu, comme s'il avait voulu défoncer de son front de bélier tous les obstacles de la nuit.

En arrivant à *La Buissonnerie*, Frédéric leva la tête vers Pierre et balbutia :

— Je ne veux pas dormir avec lui, monsieur. Je veux aller avec vous.

Pierre lui serra la main avec force :

— Oui, oui, Frédéric. Nous allons rentrer chez nous, sois tranquille !

Miguel s'engouffra dans sa maison avec la pesanteur d'un ours regagnant sa tanière. Resté à l'extérieur, Pierre l'entendit se cogner à un meuble et jurer en portugais. Il ne le suivit pas. Il avait autre chose à faire qu'à soigner cet ivrogne. Quelles impressions l'enfant rapportait-il de ces heures passées dans le bistrot aux côtés d'un père avili ? La marche semblait avoir tout à fait réveillé Frédéric. Quand il se retrouva dans sa chambre, assis au bord du lit, il eut un regard lucide et triste qui était comme un silencieux appel à l'aide.

— Déshabille-toi, lui dit Pierre. Il est tard. Tu dois avoir sommeil.

Mais Frédéric ne bronchait pas, médusé par une vision intérieure. Soudain, il se leva, se jeta contre Pierre et un énorme sanglot lui secoua les épaules.

— Qu'est-ce qu'il a, mon père ? gémit-il. Je ne voulais pas aller au café... Et lui, il voulait... Et là-bas, il a bu, il a bu... Il criait sur tout le monde... La dame du café lui a dit de partir... Il a refusé... Il a répondu des bêtises... J'ai voulu le ramener... Alors, il m'a giflé...

La respiration entrecoupée, Frédéric se serrait contre la poitrine de Pierre, cherchait sa chaleur, sa force, sa protection, comme si quelqu'un, derrière son dos, allait le frapper encore. Qu'il était donc petit et vulnérable ! Pierre souffrait de son impuissance à modifier radicalement l'ordre des choses. Quelle que fût son envie de sévir contre Miguel, il devait le ménager. Dans l'intérêt même de l'enfant. Ligoté et furieux, il murmura en caressant la tête de Frédéric :

— Calme-toi ! Maintenant, c'est fini !

Au bout d'un moment, Frédéric s'écarta de lui. Sa figure aux traits puérils avait pris une expression concentrée, renseignée. On eût dit qu'il était porteur d'une vérité qui n'était pas de son âge.

— Vous savez, monsieur, dit-il, c'est parce qu'il n'y a plus ma maman que mon père est comme ça...

— Oui, sans doute...

— Il est très malheureux... Alors il boit, il boit pour ne plus y penser...

— Oui, Frédéric.

— C'est dommage qu'Amalia soit en pension. Avec elle, c'était moins difficile. On était deux.

— Mais nous sommes deux, Frédéric, dit Pierre en le prenant par les épaules. Toi et moi. Ne l'oublie jamais. Et maintenant, mon garçon, au lit !

A demi rasséréné, les joues mouillées de larmes, Frédéric écrasa ses yeux sous la paume de sa main, retira ses vêtements avec des gestes garçonniers, d'une brusquerie anguleuse, enfila son pyjama et se glissa sous les couvertures. Aussitôt, Friquette sauta sur le lit et, sûre de son droit, se pelotonna à sa place habituelle.

— Tu vas dormir, à présent ! dit Pierre.

— Vous ne sortez pas, monsieur ?

— Non, je reste ici. Tout près de toi. Ne crains rien. Demain, l'école. Tâche de bien travailler.

— J'ai soif, monsieur.

Pierre lui apporta un verre d'eau et le regarda boire, avidement, à longues goulées. En reposant le verre vide sur la table de chevet, Frédéric leva les yeux sur lui. Il y avait, dans ces prunelles noires, larges et bombées, une telle intelligence et un tel désespoir que Pierre en fut bouleversé. Puis, soudain, l'enfant sourit de toutes ses dents. Il avait retrouvé la paix, la sécurité. « Grâce à moi ! » pensa Pierre avec bonheur.

Il attendit quelques minutes encore et quitta la

pièce, laissant Frédéric assoupi. Mais, au lieu de regagner sa chambre, il redescendit dans le jardin et déambula devant le perron. Tout à coup, il s'aperçut qu'il foulait aux pieds l'ancien emplacement du tilleul. A cet endroit, la terre était molle, légèrement creusée en cuvette, sous le gravier. Avait-il eu raison d'abattre cet arbre tutélaire ? Renversant la tête, il plongea ses regards dans le vide du ciel et regretta le branchage robuste. Son malaise le reprit. Une sorte d'écœurement moral. Tournant le dos à la maison, il s'engagea dans l'allée, sans but précis. La tête pleine de nuit, il respirait l'odeur âcre de l'automne. Feuilles pourrissantes, terre humide, fumées éparses, la campagne embaumait comme pour l'empêcher de réfléchir. Ses pas le conduisirent inconsciemment vers le pavillon de gardien. Il s'arrêta devant la porte. Pas une lumière. A l'intérieur, Miguel devait cuver son vin. Pierre l'imagina, vautré, tout habillé, sur son lit. Comment un être aussi primitif avait-il pu engendrer un garçon d'une telle délicatesse de cœur ? Il y avait là, songea-t-il, une erreur de la génétique. Au bout d'un moment, Pierre rebroussa chemin, mais, au lieu de rentrer chez lui, il fit un détour et passa voir le mur inachevé. Il restait à peine quelques parpaings à poser près du portail. A l'abri d'un appentis, traînaient une auge de maçon et des outils éclaboussés de ciment. Pour aller plus vite, Miguel avait loué une bétonnière. Tel quel, avec son crépi rustique et son toit de tuiles anciennes, le mur s'étirait dans une belle perspective à travers la nuit. Miguel avait fait du bon travail. Il faudrait le lui dire. Mais on ne savait comment parler à cet homme étroit et agreste. Longtemps, Pierre demeura là, sans bouger, attentif au bourdonnement du sang dans ses oreilles. Puis il se remit en marche et longea le mur sur tout le pourtour de la propriété. Ce rempart de maçonnerie, dressé entre lui et le reste du monde, avait un aspect résolument défensif. Ainsi cerné, précisé, le jardin paraissait plus petit. On se sentait à la fois protégé et emprisonné par quelque chose de sourd, de muet, d'opaque, qui interdisait toute échappée vers les autres. L'âme s'étiolait dans cet espace restreint, derrière cette enceinte aveugle, comme dans un étouffoir. Tourmenté par une tristesse inquiète, Pierre s'arracha à sa rêverie et retourna sur ses pas.

Une fois dans sa chambre, il se coucha, mais ne put se résoudre à dormir. A plusieurs reprises, il se leva, s'approcha de la fenêtre, inspecta du regard les abords du perron. Pas la moindre ombre suspecte dans les parages. Pourtant, il n'était pas seul avec Frédéric dans la grande maison. Quelqu'un y était entré, semblait-il, sur ses talons.

Pierre et Frédéric avalèrent un petit déjeuner sans prendre le temps de le savourer. Ils étaient en retard, l'un pour aller à son cabinet dentaire, l'autre pour aller à l'école.

— Dépêche-toi, dit Pierre en se levant de table. Je te dépose en voiture.

Frédéric bondit sur ses pieds et sortit derrière lui, une tartine de confiture à la main, tandis que Mme Cousinet se désolait de le voir partir si vite, « avec son café au lait sur l'estomac ». En descendant du perron, ils se heurtèrent à Miguel qui les attendait. Hilare, les bras levés, le jardinier tenait par la queue deux petits cadavres ensanglantés, la tête en bas, les pattes raides.

— Je les ai eues, les taupes ! dit-il d'un ton triomphant. Tôt ce matin, je me suis posté devant le trou, avec ma bêche. Et, quand elles ont montré le museau, toc !

Frédéric considérait avec horreur ces minuscules masses de fourrure sombre et soyeuse, au crâne entaillé par le fer. Leur tête tenait à leur corps par des filets sanguinolents. L'enfant se plaqua contre Pierre et enfouit la figure dans son gilet pour ne plus voir.

— Allez vite m'enterrer ça ! dit Pierre avec humeur.

Miguel, qui espérait des félicitations, battit en retraite avec des grognements indistincts en portugais. Alors qu'il s'éloignait dans l'allée, d'un pas inégal, les taupes balancées à bout de bras, Pierre pressa Frédéric de monter dans l'auto. Durant le bref trajet jusqu'à l'école, l'enfant garda le silence. Sans doute, avec son caractère impressionnable, ne pouvait-il oublier ce triste spectacle de boucherie.

Après l'avoir vu disparaître dans la foule des élèves qui s'engouffraient, en se bousculant, par la porte, Pierre embraya et repartit pour Paris.

Dès son arrivée au cabinet, il reçut un coup de téléphone de Gisèle Harteville qui l'invitait à dîner pour le lendemain, avec quelques amis. Nicole serait du nombre. Cette idée le refroidit. Même en dehors de *La Buissonnerie*, il n'avait nulle envie de la revoir. Il refusa, sous prétexte que sa soirée était déjà prise.

Comme d'habitude, le dernier jour du mois, Pierre convoqua Miguel dans son bureau pour le régler. Depuis la mort de Maria, le jardinier ne touchait plus que son salaire personnel, légèrement amélioré pour tenir compte des « circonstances ». Aujourd'hui, sans aucune réclamation de la part de l'intéressé, Pierre estimait que cette rémunération était insuffisante. Miguel, en plus de son travail ordinaire, construisait le mur d'enceinte : il était juste de l'augmenter. Mais de combien ? Un supplément de cinq cents francs par mois semblait raisonnable.

Quand Miguel se présenta, les épaules voûtées, les bras pendants, l'air rugueux, Pierre lui remit sa fiche de paie, compta les billets de banque (le jardinier avait toujours préféré l'argent liquide) et annonça :

— Voilà, Miguel ! Comme vous le voyez, j'ai décidé d'arrondir le chiffre...

— Pourquoi, monsieur ? dit Miguel en le regardant fortement au visage avec un mélange d'arrogance et de tristesse.

Cette question désarçonna Pierre. Tout à coup, sa propre bienveillance lui parut suspecte. Un découragement le prit, comme si ses intentions les plus généreuses recevaient, dans la tête du jardinier, une interprétation malveillante et basse. Assis derrière son bureau, les billets de banque à la main, il se sentait fautif sans avoir rien à se reprocher.

— Parce que tout augmente, Miguel, dit-il. Et aussi parce que je suis content de vos services.

Il se justifiait. C'était un comble ! Miguel prit l'argent, l'empocha sans le compter et marmonna :

— Merci, monsieur.

Pierre le regarda partir avec soulagement. Une

impression de froid le pénétrait. Il s'approcha de la cheminée. Des bûches et du petit bois étaient disposés dans l'âtre. Il les alluma et s'assit dans un fauteuil, devant le foyer. Frédéric entra, suivi de Friquette. Il apportait un album d'enfant dont il voulait montrer les images. Mais, en voyant le feu, il oublia le livre et s'accroupit, le dos appuyé aux genoux de Pierre. Fascinés l'un et l'autre par la danse folle des flammes, ils ne se parlaient pas. Les grands événements de leur existence étaient l'envol d'une étincelle ou la chute friable d'un tison. De temps à autre, Pierre reportait ses regards sur le visage de Frédéric, qu'il apercevait en profil perdu, la bouche entrouverte, des braises dans les yeux. Il y avait un tel accord entre ce feu captif, ce silence crépitant, ces livres amicaux rangés sur les rayons, cette chienne douce couchée le museau sur les pattes et cette figure d'enfant radieux que, le temps d'un battement de cœur, il lui semblait avoir quitté la vie superficielle de tous les jours et flotter, léger comme une fumée, dans la région des félicités supérieures. Soudain, il se demanda si le bois qui brûlait en craquant dans la cheminée ne provenait pas du tilleul abattu. Il remua les bûches avec un tisonnier. Le décor flamboyant s'écroula, se recomposa. De la cuisine venait un tintement de vaisselle. Mme Cousinet préparait le dîner. Pierre se fût volontiers abstenu de passer à table pour prolonger cette contemplation heureuse entre Frédéric et Friquette.

## 15

Bernard Changarnier descendit du fauteuil et se passa la main sur la mâchoire

— Cela n'a pas été trop pénible ? demanda Pierre.

— Si, dit Bernard en riant.

— En tout cas, maintenant tu peux être tranquille. Ton bridge ne bougera pas avant cent ans. As-tu cinq minutes ?

— Mais oui, dit Bernard avec un coup d'œil à sa montre. Pourquoi ?

— Je voudrais te taper d'une consultation juridique.

Ils passèrent dans le petit bureau, au fond de l'appartement. Là, Pierre fit asseoir son ami dans un fauteuil et s'assit lui-même derrière la table où s'empilaient des revues spécialisées. Après un bref silence, regardant l'avocat droit dans les yeux, il laissa tomber avec une feinte désinvolture :

— J'aimerais avoir quelques précisions sur les formalités d'adoption. Est-il possible d'adopter deux enfants dont la mère est morte et le père encore vivant ?

— Deux enfants ? dit Bernard. Quel âge ont-ils ?

— Dix et douze ans.

L'œil de Bernard s'aiguisa, étincela :

— Dis-moi, Pierre, ne s'agirait-il pas des enfants de ton jardinier ?

Interrogé à brûle-pourpoint, Pierre hésita une seconde. Mais, percé à jour, il ne voyait plus aucune raison de louvoyer.

— Si, dit-il. Tu les as vus à la maison. Frédéric et Amalia. Ce sont des enfants exceptionnels. Exactement tels que je les aurais rêvés. Surtout Frédéric !

— Tu as raison, reconnut Bernard. Il est charmant, ce petit !

— Et leur mère, Maria, était une femme remarquable de courage, d'honnêteté, de simplicité, poursuivit Pierre. Suzanne l'estimait beaucoup !

— Oui, oui, bien sûr, marmonna Bernard. Seulement, as-tu songé à l'écrasante responsabilité qui va, du jour au lendemain, te tomber sur les épaules ?

— Je l'ai déjà, cette responsabilité ! affirma Pierre.

— Et Miguel, là-dedans, il est d'accord ?

— Je le déciderai. C'est un bon type. Mais, depuis la mort de sa femme, il ne tourne plus rond. Il est d'un exemple consternant pour ses enfants. Je dois les soustraire totalement à son influence. D'ailleurs, Suzanne, j'en suis convaincu, m'aurait approuvé !

Depuis qu'il avait lancé le nom de Suzanne dans la conversation, Pierre se sentait mieux. Dans tous les grands moments de sa vie, la caution de sa femme lui était nécessaire. En l'associant à son désir d'adopter les enfants, il était sûr de ne pas se tromper.

— Tu ne m'as pas dit comment il fallait procéder dans la pratique, reprit-il.

— Ah ! oui, s'écria Bernard. Dans ton cas, ce n'est pas compliqué : tu es veuf, tu n'as pas de descendants légitimes. Comme les enfants de Miguel ont moins de quinze ans, leur consentement n'est même pas nécessaire. En revanche, il faut absolument le consentement de leur père. Il doit le donner par-devant notaire ou par-devant le juge d'instance. Après, tu saisiras le tribunal de grande instance qui examinera le dossier, vérifiera si les conditions légales sont remplies...

— Le fait que les enfants soient portugais ne va-t-il pas embrouiller les choses ?

— Non. Selon la législation portugaise, c'est la loi du pays de l'adoptant qui s'applique à la constitution de la filiation adoptive. Quelques petites formalités supplémentaires, c'est tout !...

— Et les effets de l'adoption, quels sont-ils au juste ?

— S'il s'agit d'une adoption plénière, elle rompt les liens entre l'adopté et sa famille naturelle. Tout se passe comme si l'adopté était réellement l'enfant de l'adoptant. S'il s'agit d'une adoption simple, qui est plus facile à obtenir — et je suppose que c'est celle que tu choisiras —, l'adopté ajoute à son nom celui de l'adoptant, il continue à faire partie de sa famille d'origine, mais il a les mêmes droits à la succession qu'un enfant légitime dans la famille de l'adoptant. L'adoptant a sur lui tous les droits de la puissance paternelle...

Tandis que Bernard expliquait ainsi les détails de la procédure et les effets du jugement, Pierre les appliquait à son cas et constatait qu'aucun obstacle sérieux ne s'opposait à son idée. On eût dit que la loi avait été faite pour lui.

— Bon, bon, murmurait-il de temps à autre.

Ayant fini son exposé, Bernard hocha la tête et dit :

— Eh bien, voilà, je t'ai fait mon petit topo ! A toi de jouer. Je te félicite. C'est très beau, ce que tu as décidé ! D'ailleurs, mieux vaut recueillir les enfants des autres que de n'en avoir pas du tout. Moi, comme je te l'ai dit, avec les miens, j'ai un sacré problème ! Quel cirque ! C'est Marianne, tu le sais, qui a la garde. Je l'ai voulu ainsi. Elle est déjà à Angers avec eux. Elle a trouvé une situation là-bas...

Pierre l'écoutait à peine. Il avait reçu sa pâture. Le reste ne l'intéressait pas. Très vite, Bernard se rendit compte qu'il parlait dans le vide.

— Il est tard, dit-il. J'ai un rendez-vous à cinq heures. Fais-moi signe pour une partie de golf.

Ayant raccompagné son ami à la porte, Pierre revint à ses autres patients. Il travaillait avec une application méticuleuse, mais son esprit était ailleurs. Une jubilation secrète le possédait.

Le dernier rendez-vous expédié, il fonça, en bolide, sur la route. Comme toujours lorsqu'il avait pris une grave résolution, il avait hâte d'affronter l'adversaire. C'était, chez lui, une sorte d'exigence physique. Il ne savait pas temporiser, peser le pour et le contre, attendre le moment propice. Dans la voiture qui l'emportait vers Milly, il affûtait ses arguments avec astuce. L'œil rivé à la chaussée rapide, c'était Miguel qu'il voyait.

A *La Buissonnerie*, il prêta à peine attention aux gambades de Friquette, au bavardage de Frédéric, et, coupant la parole à Mme Cousinet qui lui soumettait un ennuyeux problème domestique, il la pria d'aller immédiatement chercher Miguel.

— On ne va pas jouer au train, tous les deux ? demanda Frédéric.

— Non, mon bonhomme, dit Pierre. J'ai à parler avec ton père. Va t'amuser tout seul. Plus tard, je te promets, j'irai te voir.

Il le poussa doucement vers la salle de billard, referma la porte, s'assit derrière son bureau et concentra son énergie. Quand Miguel parut, dans sa salopette souillée de ciment, il le jugea d'un bref coup d'œil. Par chance, le gaillard semblait à jeun. La discussion en serait facilitée. D'entrée, Pierre attaqua sur un ton à la fois ferme et amical :

— J'ai longuement réfléchi à votre cas, Miguel. Vous êtes désorienté, malheureux, parce que Maria est morte. Je connais la même solitude, vous le savez bien ! Aussi, croyez-moi, je vous plains beaucoup. Mais il y a vos enfants ! Vous ne pouvez vous occuper d'eux comme ils le méritent. A votre insu, ils vous échappent. Vous vous en rendez compte et cela augmente votre chagrin, votre désarroi. Ai-je vu juste ?

Debout devant lui, Miguel plissait le front, le regard méfiant, la bouche serrée, braqué, bloqué, tendu.

— Je devine que vous êtes hostile à certaines de mes intentions et que vous ne les comprenez pas bien, reprit Pierre. Je n'ai pas d'enfants moi-même. Les vôtres m'ont apporté une joie profonde. Depuis la disparition de Maria, je me suis chaque jour davantage attaché à eux. Au point que maintenant je les considère un peu comme mes propres enfants.

Le moment me paraît donc venu de légaliser une situation qui, déjà, existe en fait.

— Qu'est-ce que ça veut dire ? balbutia Miguel.

— Cela veut dire que j'ai décidé de leur assurer un brillant avenir. A ma mort, ma fortune, au lieu d'être dispersée entre de lointains cousins, leur reviendra à eux, à eux seuls. Mais, pour cela, je dois les adopter. Vous saisissez ?

— Attention, monsieur, marmonna Miguel.

Et, posant avec force sa main à plat sur sa poitrine, il ajouta :

— C'est comme si moi, Miguel, j'abandonnais mes enfants...

Pierre l'arrêta :

— Il ne s'agit pas d'un abandon, mais d'une association entre vous et moi, pour leur bonheur. Nous ferons ce qu'on appelle une adoption simple. Ils ajouteront mon nom à votre nom, c'est tout. Sur le plan pratique, il vous suffira de venir avec moi chez mon notaire et de déclarer votre consentement. Après, vous n'aurez plus à vous occuper de rien. Tout continuera comme par le passé. Mais officiellement...

— Officiellement, ils seront à vous.

— Officiellement, Miguel, s'il m'arrive malheur, ils ne seront plus démunis, dit Pierre en se penchant par-dessus la table. Songez donc, tout ce que je possède : non seulement ce que j'ai à mon compte en banque, mais *La Buissonnerie, La Buissonnerie* que vous aimez tant, sera à eux !...

Tout en parlant, il soulignait ses propos de gestes explicites, comme s'il se fût adressé à un sourd.

— Vraiment à eux ? dit Miguel.

— Bien sûr !

Miguel se gratta le crâne à pleins doigts :

— Je ne sais pas, monsieur. Nous autres, au Portugal, nous n'avons pas l'habitude. Ils s'appelleront comment, mes enfants, alors ?

— Eh bien, mais, par exemple, Alvares-Jouanest...

— Et moi, là-dedans ? Moi, le père ?...

— Ils auront deux pères, dit Pierre pour l'amadouer. Un vrai et un faux.

— Ils m'oublieront. Ils m'oublient déjà.

— Mais non, Miguel. Vous vous montez la tête. Tout est si simple ! Vous n'avez pas le droit de refuser !

Une fois de plus, Pierre avait conscience de torturer cet homme à l'esprit bouché. Mais pouvait-il agir autrement ? Surtout ne pas se mettre en colère. Ecrasé par le dilemme, Miguel se balançait d'un pied sur l'autre. Ses yeux s'embuaient, sa mâchoire pendait, découvrant la cavité humide de la bouche.

— Je vais réfléchir, bredouilla-t-il.

— Non, Miguel, dit Pierre. Cette décision, je veux que nous la prenions, vous et moi, promptement, dans la confiance et la joie. Seul compte, dans cette affaire, l'intérêt des enfants.

— Vous leur avez parlé ?...

— Comment aurais-je pu le faire avant d'avoir eu une conversation avec vous ? Nous leur dirons plus tard.

— Oh ! je les connais, murmura Miguel avec un sourire misérable. Ils seront très contents !

— Bon, reprit Pierre avec autorité. Dès demain, je me mettrai en rapport avec mon notaire de Fontainebleau, Me Vouzeilles. Nous irons le trouver ensemble. Il vous expliquera encore mieux que moi...

Harcelé, Miguel ne réagissait plus. Il avait dépassé le seuil de la compréhension. Soudain, il grommela :

— Je voulais vous dire, monsieur : j'ai fini le mur.

— Voilà une bonne nouvelle ! dit Pierre. Vous devez être content !...

Sans attendre que Pierre eût achevé sa phrase, Miguel se dirigea vers la porte.

Pierre le laissa partir et regarda, par la fenêtre, l'homme qui s'éloignait d'un pas heurté, dans l'allée. Une pluie fine vaporisait le jardin dénudé. Un corbeau croassait, perché sur la branche d'un arbre. Dans la salle de billard, où Pierre se rendit ensuite, Frédéric observait avec passion le petit train qui suivait les méandres des rails.

— Regardez, regardez, monsieur ! s'écria-t-il. J'ai changé le circuit. Maintenant, il passe sous le tunnel.

— C'est très bien, dit Pierre. Tu vois que tu te débrouilles quand tu le veux.

— De ce côté de la barrière, c'est la France, de l'autre côté, c'est le Portugal. Les voyageurs pour le Portugal, en voiture !...

A le voir si heureux, Pierre se sentit gonflé d'un afflux de tendresse. Un vin de joie lui montait à la tête. Depuis qu'il avait résolu le problème de l'adoption, il lui semblait que Frédéric était devenu encore plus proche de lui. Comme si sa décision avait resserré leurs liens jusqu'à les rendre naturels. Comme si cet enfant était né non de Miguel et de Maria, mais de lui et de Suzanne. Il eût aimé lui crier tout de suite la grande nouvelle. Mais Frédéric était trop jeune pour la comprendre. Son horizon, pour l'instant, c'étaient le train, l'école, la télévision, les bandes dessinées, Friquette. Mme Cousinet vint avertir Pierre que le dîner était servi. Il mit la main sur l'épaule de Frédéric pour passer à table. Et, pour la première fois, il dîna en face de son fils.

## 16

Cette fois, l'opération était bien déclenchée. Ayant téléphoné de Paris à M$^{e}$ Vouzeilles, Pierre avait obtenu un rendez-vous pour le lendemain, à trois heures. Restait à en prévenir Miguel. Poussé dans ses derniers retranchements, il ne pourrait refuser de se rendre à l'étude. Le notaire, par ses explications, achèverait de le convaincre. Naturellement enclin à l'optimisme, Pierre conduisait vite sur une route dégagée. Il était sept heures du soir. Les phares de l'auto refoulaient la nuit sur les bas-côtés haillonneux et humides. Il n'avait pas reparlé avec Miguel de son projet d'adoption. Un accord tacite les liait l'un à l'autre. Il n'en avait pas dit un mot non plus à Mme Cousinet. D'avance, il imaginait l'air ahuri de cette brave femme soucieuse de classifications sociales. Il se rappela qu'il lui avait donné congé aujourd'hui. Comme tous les jeudis, elle était allée rendre visite à sa fille, à Nemours. Frédéric devait être planté devant la télévision, avec Friquette à ses pieds. Cette évocation d'un univers familier et paisible réconfortait Pierre et justifiait, en quelque sorte, son désir de paternité.

Parvenu devant le portail, il s'étonna. Les deux

vantaux étaient ouverts, et Friquette, assise sur son derrière, se tenait au bord de la route, à l'entrée. En apercevant l'auto, elle s'écarta, mais sans manifester la gaieté habituelle. Pas à pas, la queue basse, elle accompagna la voiture, à distance, jusqu'au garage. Intrigué par son air fautif, Pierre l'appela et lui tripota les oreilles en plaisantant :

— Qu'as-tu, Friquette ? Tu as plumé Balthasar, et Miguel t'a grondée ?

Comme il gravissait les marches du perron, la chienne refusa de le suivre et s'éloigna à reculons. Il chercha Frédéric dans le bureau, dans la salle de billard, dans le salon, dans sa chambre. En vain. Sans doute l'enfant se trouvait-il chez son père, ou encore au café.

Pierre se dirigea vers le pavillon de gardien. Friquette marchait loin derrière lui, sans hâte, les reins arrondis, la queue escamotée. Il faisait froid et sombre. La brume crépusculaire s'accrochait au faîte des arbres. Avant d'arriver à la petite maison, la chienne s'assit de nouveau, sérieuse, craintive. Pierre pénétra seul dans la cuisine et alluma l'électricité.

Dans la clarté brusque, deux pieds apparurent au-dessus du sol, près d'une chaise renversée. Levant les yeux, Pierre vit la corde accrochée à une solive du plafond. Miguel pendait là, de tout son poids, les jambes raides, la tête inclinée, le cou cassé. Un pan de sa chemise dépassait de son pantalon. Une grimace hideuse tordait sa figure de caoutchouc. Epouvanté, Pierre ne songea même pas à le détacher et se précipita dans l'ancienne chambre des enfants en hurlant : « Frédéric ! Frédéric ! »

Un pantin fragile, recroquevillé sur les clayettes

pleines de bulbes de fleurs. La tête fracassée, Frédéric ne bougeait plus. De sa tempe à sa joue, s'étalait une bouillie rouge, grumeleuse et luisante. A côté, gisait le fusil de chasse de Miguel. Béant d'horreur, Pierre s'abattit sur le corps de l'enfant. Il l'embrassait, le serrait sur sa poitrine, l'appelait avec des cris venus du ventre.

Quand il se releva, il avait du sang sur les mains et autour de la bouche. Longtemps, il demeura immobile, avec l'impression qu'il ne respirait plus, que son cœur, à lui aussi, avait cessé de battre. Il fallait faire quelque chose. Mais quoi ? La vie n'avait plus de sens. Alerter un médecin, la gendarmerie...

Les jambes faibles, il retourna dans la cuisine. Une lettre était posée en évidence sur la table. Il se pencha pour lire. Les larmes brouillaient ses yeux. Une seule phrase, maladroitement écrite en français, au crayon : *Mintenant, Monsieu, vous pouvé adopté Amalia.*

## 17

Miguel et Frédéric furent enterrés côte à côte dans le cimetière de Milly-la-Forêt. Pierre vendit *La Buissonnerie* et s'installa à Paris dans un appartement loué, proche de son cabinet dentaire. Mme Cousinet recueillit Friquette et Balthasar. Atterrée par son double deuil, Amalia termina néanmoins son année scolaire, comme pensionnaire, au collège Regnard. Aux grandes vacances, elle partit pour le Portugal où une de ses tantes la réclamait. A la fin de l'été, elle voulut rester dans sa famille, à Lisbonne. De là, elle écrivit régulièrement à Pierre, une fois par mois. Dans ses lettres, elle lui parlait toujours de son frère. Jamais de son père. En repliant les feuillets couverts d'une écriture enfantine, Pierre demeurait un instant étourdi par la force du souvenir. Cependant, la fillette prenant de l'âge et s'habituant à sa nouvelle vie, les allusions au passé disparurent progressivement de sa correspondance. Elle semblait très préoccupée par un de ses cousins, Fernando, qui avait une motocyclette. D'abord, Pierre feignit de s'intéresser à ces aventures juvéniles. Puis, un sentiment d'impuissance l'envahit devant la marche inexorable des années, et il cessa de répondre à Amalia.

# Littérature

**extrait du catalogue**

*Cette collection est d'abord marquée par sa diversité : classiques, grands romans contemporains ou même des livres d'auteurs réputés plus difficiles, comme Borges, Soupault, Goes. En fait, c'est tout le roman qui est proposé ici, Henri Troyat, Bernard Clavel, Guy des Cars, Alain Robbe-Grillet, mais aussi des écrivains étrangers tels que Moravia, Colleen McCullough ou Konsalik.*

*Les classiques tels que Stendhal, Maupassant, Flaubert, Zola, Balzac, etc. sont publiés en texte intégral au prix le plus bas de toute l'édition. Chaque volume est complété par un cahier photos illustrant la biographie de l'auteur.*

| | |
|---|---|
| AKÉ LOBA | Kocoumbo, l'étudiant noir 1511*** |
| ALLEY Robert | La mort aux enchères 1461** |
| ANDREWS Virginia C. | Fleurs captives : |
| | - Fleurs captives 1165**** |
| | - Pétales au vent 1237**** |
| | - Bouquet d'épines 1350**** |
| | - Les racines du passé 1818**** |
| | Ma douce Audrina 1578**** |
| APOLLINAIRE Guillaume | Les onze mille verges 704* |
| | Les exploits d'un jeune don Juan 875* |
| AUEL Jean M. | Ayla, l'enfant de la terre 1383**** |
| AVRIL Nicole | Monsieur de Lyon 1049*** |
| | La disgrâce 1344*** |
| | Jeanne 1879*** |
| | L'été de la Saint-Valentin 2038** |
| BACH Richard | Jonathan Livingston le goéland 1562* illustré |
| BALZAC Honoré de | Le père Goriot 1988** |
| BARBER Noël | Tanamera 1804**** & 1805**** |
| BAUDELAIRE Charles | Les fleurs du mal 1939** |
| BAUM Frank L. | Le magicien d'Oz 1652** |
| BELMONT Véra | Rouge Baiser 2014*** |
| BORGES & BIOY CASARES | Nouveaux contes de Bustos Domecq 1908*** |
| BORY Jean-Louis | Mon village à l'heure allemande 81*** |
| BOVE Emmanuel | Mes amis 1973*** |
| BRADFORD Sarah | Grace 2002**** |

| | |
|---|---|
| *Guy des Cars (suite)* | *Le château du clown 1357★★★★* |
| | *La femme sans frontières 1518★★★* |
| | *Le boulevard des illusions 1710★★★* |
| | *Les reines de cœur 1783★★★* |
| | *La coupable 1880★★★* |
| | *L'envoûteuse 2016★★★★★* |
| *CARS Jean des* | *Sleeping Story 832★★★★* |
| | *Haussmann, la gloire du 2nd Empire 1055★★★★* |
| | *Louis II de Bavière 1633★★★* |
| | *Elisabeth d'Autriche (Sissi) 1692★★★★* |
| *CASTELOT André* | *Les battements de cœur de l'histoire 1620★★★★* |
| | *Belles et tragiques amours de l'histoire-1 1956★★★★* |
| *CASTILLO Michel del* | *Les Louves de l'Escurial 1725★★★★* |
| *CASTRIES Duc de* | *La Pompadour 1651★★★★* |
| | *Madame Récamier 1835★★★★* |
| *CATO Nancy* | *L'Australienne 1969★★★★ & 1970★★★★* |
| *CESBRON Gilbert* | *Chiens perdus sans collier 6★★* |
| | *C'est Mozart qu'on assassine 379★★★* |
| | *La ville couronnée d'épines 979★★* |
| | *Huit paroles pour l'éternité 1377★★★★* |
| *CHARDIGNY Louis* | *Les maréchaux de Napoléon 1621★★★★* |
| *CHASTENET Geneviève* | *Marie-Louise 2024★★★★★* |
| *CHAVELET Élisabeth & DANNE Jacques de* | *Avenue Foch 1949★★★* |
| *CHOUCHON Lionel* | *Le papanoïaque 1540★★* |
| *CHOW CHING LIE* | *Le palanquin des larmes 859★★★* |
| | *Concerto du fleuve Jaune 1202★★★* |
| *CLANCIER Georges-Emmanuel* | *Le pain noir 651★★★* |
| *CLAVEL Bernard* | *Le tonnerre de Dieu 290★* |
| | *Le voyage du père 300★* |
| | *L'Espagnol 309★★★★* |
| | *Malataverne 324★* |
| | *L'hercule sur la place 333★★★* |
| | *Le tambour du bief 457★★* |
| | *Le massacre des innocents 471★* |
| | *L'espion aux yeux verts 499★★★* |
| | *La grande patience :* |
| | *1 - La maison des autres 522★★★★* |
| | *2 - Celui qui voulait voir la mer 523★★★★* |
| | *3 - Le cœur des vivants 524★★★★* |
| | *4 - Les fruits de l'hiver 525★★★★* |

| | |
|---|---|
| | Le Seigneur du Fleuve 590*** |
| | Victoire au Mans 611** |
| | Pirates du Rhône 658** |
| | Le silence des armes 742*** |
| | Écrit sur la neige 916*** |
| | Tiennot 1099** |
| | La bourrelle - L'Iroquoise 1164** |
| | Les colonnes du ciel : |
| | 1 - La saison des loups 1235*** |
| | 2 - La lumière du lac 1306**** |
| | 3 - La femme de guerre 1356*** |
| | 4 - Marie Bon Pain 1422*** |
| | 5 - Compagnons du Nouveau Monde 1503*** |
| | L'homme du Labrador 1566** |
| | Terres de mémoire 1729** |
| | Bernard Clavel, qui êtes-vous ? 1895** |
| COLETTE | Le blé en herbe 2* |
| CORMAN Avery | Kramer contre Kramer 1044*** |
| COUSSE Raymond | Stratégie pour deux jambons 1840** |
| CURTIS Jean-Louis | L'horizon dérobé : |
| | 1 - L'horizon dérobé 1217**** |
| | 2 - La moitié du chemin 1253**** |
| | 3 - Le battement de mon cœur 1299*** |
| DAUDET Alphonse | Tartarin de Tarascon 34* |
| | Lettres de mon moulin 844* |
| DECAUX Alain | Les grands mystères du passé 1724**** |
| DÉCURÉ Danielle | Vous avez vu le pilote ? c'est une femme ! 1466*** illustré |
| DELAY Claude | Chanel solitaire 1342**** illustré |
| DÉON Michel | Louis XIV par lui-même 1693*** |
| DHÔTEL André | Le pays où l'on n'arrive jamais 61** |
| DIDEROT | Jacques le fataliste 2023** |
| DJIAN Philippe | 37,2° le matin 1951**** |
| | Bleu comme l'enfer 1971**** |
| DOCTOROW E.L. | Ragtime 825*** |
| DORIN Françoise | Les lits à une place 1369**** |
| | Les miroirs truqués 1519**** |
| | Les jupes-culottes 1893**** |

1577
★★

Impression Brodard et Taupin à La Flèche (Sarthe)
le 20 juin 1986
1683-5 Dépôt légal juin 1986. ISBN 2 - 277 - 21577 - 5
1er dépôt légal dans la collection : janvier 1984
Imprimé en France
Editions J'ai lu
27, rue Cassette, 75006 Paris
*diffusion France et étranger : Flammarion*